회 원 · 제24집

 강기주
 강신일
 강진구

 고덕상
 고산지
 고재구
 공정식
 곽광택

 구본식
 권병학
 권영주
 권오견
 금동건

 김관형
 김광수
 김근숙
 김근이
 김기순

 김기완
 김기원
 김기전
 김동익
 김명호

 김사달
 김상현

(사)한국시인연대

김석태　김선례　김선아

김선옥　김선우　김성계　김성일　김수야

김순녀　김연하　김영규　김옥향　김원식

김정희　김종기　김종원　김준경　김창현

김태수　김태자　김풍배　김훈동　노선관

노준현　류순자

회원 · 제24집

 류재상
 문주환
 박건웅

 박경선
 박근모
 박달재
 박대순 시
 박대순 시조

 박동원
 박래흥
 박명희
 박병모
 박병선

 박상교
 박수진
 박숙영
 박순자
 박연희

 朴英淑
 박영숙
 박일소
 박정민
 박종문

 박준상
 박찬홍

(사)한국시인연대

박창영

박현조

박황춘

배길수

배동현

배석술

백국호

백규현

서영범

선중관

설복도

성진명

성환조

손병기

손수여

손순자

손진명

손희락

신길수

신동호

신세현

심의표

심종은

안숙자

양지숙

회원·제24집

 엄원용  여명옥  여학구

 오낙율  오병욱  오선숙  오세정  오칠선

 우성영  유경환  유나영  유소례  유영애

 유자효  윤갑석  윤한걸  이근구  이근모

 이기종  이도현  이동근  이명우  이문재

 이병준  이선영

(사)한국시인연대

| 이성남 |  이수일 |  이순우 |

| 이용우 |  이은협 |  이인승 |  이재곤 |  이재성 |

| 이종수 |  이진석 |  이진숙 |  이창환 |  이한식 |

| 이형환 |  이호정 |  임규택 |  임성한 |  임제훈 |

| 장동석 |  장명자 |  장문영 |  장병민 |  장영옥 |

장인숙

장재관

회원·제24집

장찬영　　　전병철　　　전석홍

전성경　　전현하　　정인환　　정정순　　정종규

정진덕　　정진희　　정창운　　정하경　　조기현

조덕혜　　조병서　　조성학　　조재화　　조정일

조혜식　　지종찬　　진진욱　　차경섭　　채규판

채동규　　채명호

(사)한국시인연대

| 채수황 | 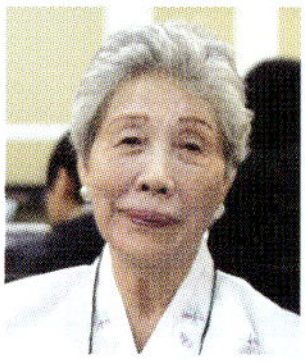 채행무 |  최광호 |

| 최낙준 |  최모경 |  최법매 |  최송량 |  최승범 |

| 최완욱 |  최유진 |  최정순 |  최홍규 |  추경희 |

| 편 문 |  하성용 |  하순명 |  한경구 |  한범수 |

| 한승민 |  한재만 |  한정숙 |  홍계숙 |  홍병선 |

| 홍영표 |  홍원선 |  황정옥 |  황창순 |

(사)한국시인연대 2014

한국시인연대 대표시선 제24집

한강과 더불다

한강

발간사

(사)한국시인연대 대표시선 제24집을 발간하며

　시인의 눈앞에 전개되는 현상과 현실 세계를 어떻게 보느냐 하는 것은 전적으로 시인의 개인적 자유이며 시인만이 느끼고 가지는 세계다.
　좋은 시가 되기 위해서는 사물을 거울에 비추었을 때 나타나는 것처럼 똑같이 나타나는 영상映像이 아니라 시의 세계는 전적으로 시인 개인의 세계여야 한다. 자기의 사상이 아닌 모방의 세계로 비춰졌을 때는 어떠한 미사여구美辭麗句를 썼더라도 그 시는 생명을 잃은 시가 된다. 그래서 시인은 대상을 보면서 자기의 영상으로 읽어내는 능력자이며 생명을 불어넣는 능력자이기도 하다.
　2014년은 풀기 어려운 사연들과 다투면서도 이 시대와 사회를 직시했고 그것을 우리는 시로 쓰고 읊었다. 그런 뜻에서 우리 시인은 그런대로 절망을 극복했었다. 이로 인하여 시인의 사명은 한층 더 커졌다고 보겠다.
　인간의 정신세계를 물질로 평가하는 현실에서 시가 이 시대를 대변하고 지배할 수는 없더라도 정신세계를 시라는 형태로 변용시켜 스스로 볼 수 있고 새로운 세계를 창조하도록 도와주는 역할을 하는 사명만은 다하려고 노력했었다.

　경향 각지에서 '사단법인 한국문화예술연대'와 '한국시인연대' 발전을 위하여 노고를 아끼지 않고 아낌없는 격려를 보내 주심에 감사의 말씀드리며 예년과 같이 마감기일 내에 옥고를 보내 주셔서 감사합니다.
　회원 여러분께서 이미 알고 있는 바와 같이 (사)한국문화예술연대와 한국시인연대의 지속적인 사업으로 '문학 공원'을 조성하고 있습니다. 2013년도 1차 사업으로 공원 부지에 시비를 건립하기 위하여 자연석을 세워 놓았고 금년에도 시인님들과 문화 예술인께서 시비와 문화 예술 공적비를 건립하는데 동참하실 분들을 선별하여 지속 사업으로 전개하고 있습니다.
　2015년에는 우선 사업으로 반석(박석)을 제작하여 통로 옆으로 구역을 정하여 시공할 예정입니다. 또 인접해 있는 (사)한국문화예술연대 최광호 이사장님의 소유 야산 약 1만여 평을 문학인, 문화예술인, 저명인사들을 위한 '자연 장묘' 부지로 쾌척 받아 시비, 공적비 능과 함께 명실상부하게 문화예술인 공원을 조성할 것입니다. 회원님들의 많은 동참과 협조를 바랍니다.
　(사)한국시인연대 2014년도 사화집 원고를 지면 관계로 마감까지 보내주신 회원님들 원고만 수록하게 된 것을 이해 바랍니다.

2014년 12월
(사)한국시인연대 회장　우성영

목차

발간사	우성영	
강기주	부처골에서 외 1편/	21
강신일	은파를 넘어 외 1편/	23
강진구	스님의 빗[僧梳] 외 1편/	26
고덕상	끝마무리 외 1편/	28
고산지	파도타기 외 1편/	30
고재구	입동立冬 외 1편/	34
공정식	원願에서 한恨까지 외 1편/	36
곽광택	사는 맛 외 1편/	39
구본식	돌아보면 다 사람이다 외 1편/	41
권병학	희망 만들기 외 1편/	44
권영주	물푸레나무 한 잎 같은 바람 외 1편/	46
권오견	어머니 외 1편/	48
금동건	딸의 사진첩 외 1편/	50
김관형	꿈 익는 향기 외 1편/	52
김광수	겨울비 외 1편/	54
김근숙	늦가을에 외 1편/	56
김근이	환생幻生 외 1편/	60
김기순	흔들리지 않는 건 아무것도 없다 외 1편/	63
김기완	나 홀로 차 한 잔을 외 1편/	65
김기원	가을이 되어 외 1편/	69
김기전	김 매는 날 외 1편/	71
김동익	호수에 담겨 외 1편/	74
김명호	사부곡 외 1편/	76
김사달	한로의 계절에 서서 외 1편/	78
김상현	나는 영원한 현역 외 1편/	80
김석태	중앙공원에서 외 1편/	82
김선례	새벽시장 외 1편/	84
김선아	연꽃 외 1편/	86

(사)한국시인연대

88 /어머니 당신은 외 1편　김선옥
90 /누렁이 외 1편　김선우
92 /적자생존適者生存의 말발　김성계
93 /하루살이 외 1편　김성일
96 /오늘도 잘 살았습니다 외 1편　김수야
100 /팔월 외 1편　김순녀
102 /마음의 창 외 1편　김연하
104 /날마다 돌아서는 여자 외 1편　김영규
107 /벚꽃 외 1편　김옥향
109 /백일홍 외 1편　김원식
111 /개구리, 자진모리 외 1편　김정희
113 /반어법의 미학 외 1편　김종기
115 /가을 풍경 외 1편　김종원
117 /지배 이데올로기론論 외 1편　김준경
120 /산골 마을 외 1편　김창현
122 /추석 귀성 외 1편　김태수
124 /머물지 않고 외 1편　김태자
127 /고희를 맞으며 외 1편　김풍배
129 /그냥, 지금이 참 좋습니다 외 1편　김훈동
132 /순분 나음 날 외 1편　노선관
134 /갈대는 꽃을 피우고 운다 외 1편　노준현
137 /연꽃 외 1편　류순자
139 /행복을 팔아요 외 1편　류재상
141 /봄의 시신 외 1편　문주환
143 /고향의 설 외 1편　박건웅
146 /난蘭 외 1편　박경선
148 /어별다리 외 1편　박근모
150 /여보 외 1편　박달재
154 /농부 외 1편　박대순시
157 /거미의 지혜 외 1편　박대순시조

목차

박동원	낙엽이 지다	외 1편/ 159
박래흥	당신께 가는 사랑	외 1편/ 161
박명희	어떤 직립	외 1편/ 163
박병모	일력	외 1편/ 165
박병선	연꽃	외 1편/ 167
박상교	국화차 예찬	외 1편/ 169
박수진	촘촘한 그물	외 1편/ 171
박숙영	속죄의 잔	외 1편/ 173
박순자	남자의 고백	외 1편/ 176
박연희	동행同行	외 1편/ 178
朴英淑	기상 이변	외 1편/ 180
박영숙	단풍 길	외 1편/ 182
박일소	해운대에서	외 1편/ 184
박정민	목련·2	외 1편/ 186
박종문	뜸북새 울던 고향	외 1편/ 188
박준상	고추잠자리	외 1편/ 190
박찬홍	가을 수채화	외 1편/ 192
박창영	유니섹스 시리즈·1	외 1편/ 194
박현조	채낚기 어선 기적의 불빛	외 1편/ 196
박황춘	행복이란	외 1편/ 200
배길수	바보 같은 우리	외 1편/ 202
배동현	하오의 월포바다	외 1편/ 204
배석술	소나기	외 1편/ 206
백국호	홍어	외 1편/ 210
백규현	쑥부쟁이 꽃	외 1편/ 212
서영범	피서지에서	외 1편/ 214
선중관	숲, 아카시아꽃 지다	외 1편/ 216
설복도	바람	외 1편/ 218
성진명	매미	외 1편/ 220
성환조	산은 봄을 만나	외 1편/ 223

226 /희망찬 밝은 내일 외 1편	손병기
228 /나목 외 1편	손수여
230 /아들의 꿈 외 1편	손순자
233 /어머님의 품속 외 1편	손진명
237 /묵주반지 외 1편	손희락
239 /낙산사 외 1편	신길수
241 /친정 나들이 외 1편	신동호
243 /설인雪人 외 1편	신세현
245 /한 점 섬이 되어 외 1편	심의표
247 /자목련 외 1편	심종은
249 /여름 끝자락 위로 부는 바람 외 1편	안숙자
251 /병상에서 외 1편	양지숙
253 /빈 소주병 외 1편	엄원용
255 /매화 외 1편	여명옥
257 /월색사향月色史香 외 1편	여학구
259 /벤치와 소주병 외 1편	오낙율
261 /미꾸라지론 외 1편	오병욱
263 /마른 장마—갱년기 외 1편	오선숙
265 /빼앗긴 여행 외 1편	오세정
267 /청도행 비행기 안에서 외 1편	오칠선
269 /전철 1호선 외 1편	우성영
271 /하늘과 땅과 바다의 꿈 외 1편	유경환
273 /바람 탓에 외 1편	유나영
275 /해운대의 밤 외 1편	유소례
278 /태풍 15호 볼라벤 외 1편	유영애
280 /낙지 외 1편	유자효
283 /봄비 외 1편	윤갑석
285 /나는 누구인가·91 외 1편	윤한걸
289 /여름 농막 외 1편	이근구
291 /길 위에 길을 찾아서 외 1편	이근모

목차

이기종   매미 외 1편/ 294
이도현   열사흘 달빛 외 1편/ 296
이동근   백치 아다다의 부활을 꿈꾸며 외 1편/ 298
이명우   산골 풍경·573 외 1편/ 301
이문재   성취의 꿈 외 1편/ 303
이병준   천당天堂 외 1편/ 305
이선영   시월의 사랑 외 1편/ 307
이성남   귀촌 일기 외 1편/ 309
이수일   실과 바늘 외 1편/ 311
이순우   너를 찾아 외 1편/ 313
이용우   아버지의 텃밭 외 1편/ 315
이은협   슬픈 여바위 외 1편/ 317
이인승   다듬이 소리 외 1편/ 320
이재곤   어느 노농老農의 기원 외 1편/ 323
이재성   알밤 외 1편/ 325
이종수   저 높은 곳에서 외 1편/ 327
이진석   서울 1, 2, 3 … / 331
이진숙   창가에 서서 외 1편/ 334
이창환   추석 명절 외 1편/ 336
이한식   한평생 외 1편/ 338
이형환   별 위에 사랑 외 1편/ 340
이호정   태극인太極人 외 1편/ 342
임규택   어머니 외 1편/ 345
임성한   눈말 외 1편/ 347
임제훈   이제 그만하오 외 1편/ 350
장동석   조약돌 외 1편/ 354
장명자   새벽 길 외 1편/ 356
장문영   창틀의 국화꽃 외 1편/ 358
장병민   기약 없는 이별 외 1편/ 360
장영옥   나르시시즘 외 1편/ 363

365 /나이 들며 변해가는 행복들 외 1편　장인숙
368 /반성하는 6월 외 1편　장재관
370 /산장엔 외 1편　장찬영
372 /양귀비꽃 외 1편　전병철
374 /행복 찾기 외 1편　전석홍
376 /아름다운 귀향 외 1편　전성경
378 /연꽃을 보며 외 1편　전현하
380 /뒷거울을 보며 외 1편　정인환
382 /빈 화분 외 1편　정정순
384 /가을에게 외 1편　정종규
386 /시의 모습 외 1편　정진덕
388 /마중물 외 1편　정진희
390 /부고 외 1편　정창운
393 /호숫가에서 외 1편　정하경
395 /그림문자 외 1편　조기현
397 /또 하나의 생生의 동맥 외 1편　조덕혜
399 /만고불변의 법칙 외 1편　조병서
401 /인연 외 1편　조성학
403 /한나절 외 1편　조재화
406 /플래카드 외 1편　조정일
408 /행복한 미소 외 1편　조혜식
410 /소나무에 기대어 외 1편　지종찬
412 /손발 없는 일기 외 1편　진진욱
414 /아리랑·1 외 1편　차경섭
416 /아주 어린 시절의 이야기 외 1편　채규판
419 /양심의 오염 외 1편　채동규
422 /들창 자물통 외 1편　채명호
424 /황혼의 바다 외 1편　채수황
426 /추수의 계절 외 1편　채행무
428 /우이동 둘레길 외 1편　최광호

(사)한국시인연대

목차

최낙준	이름 없는 시인이 되어 외 1편/	429
최모경	추경산조秋景散調 외 1편/	432
최법매	바람 외 1편/	434
최송량	왜 그렇습니까? 외 1편/	436
최승범	난마 앞에서 외 1편/	438
최완욱	그해 봄/	440
최유진	가을 길 외 1편/	441
최정순	홀로 가는 길 외 1편/	443
최홍규	한강의 물길 외 1편/	445
추경희	아소만의 눈빛 외 1편/	448
편 문	꿈속의 당신 외 1편/	450
하성용	2월의 어느 날 외 1편/	453
하순명	실명제 보시 외 1편/	455
한경구	향천사香泉寺 외 1편/	457
한범수	새벽 삽바 외 1편/	460
한승민	회상 외 1편/	462
한재만	고물상에서 외 1편/	464
한정숙	낙엽 외 1편/	466
홍계숙	짝사랑 외 1편/	468
홍병선	너에게 줄 수 있는 것은 외 1편/	470
홍영표	손돌공묘를 찾아 외 1편/	472
홍원선	아침 햇살 되어 외 1편/	474
황정옥	산을 오르며 외 1편/	477
황창순	길 외 1편/	479

한국시인연대상 운영에 관한 세칙
한국시인연대 제12대 임원 명단

(사)한국시인연대 2014

한국시인연대 대표시선 제24집

한강과 더불다

부처골에서 외 1편

강 기 주

무소유의 골짝에서
눈을 뜨고 귀를 열고

합장하는 그 깊이
지리산이 둘러섰네

이끼 낀
침묵의 바위
날 보고 앉으라 하네.

화개동 편지

여름이 야위어 간다
물살로 가고 있다

설익은 낮과 밤은
가을을 이끌고 나와

화려한
수를 놓을 거다
허튼 춤을 출 거다.

은파를 넘어 외 1편

강│신│일

은어 빛 강변
백사장에 앉아
은파를 넘어
머 언
물빛을 바라본다

그녀의 살결
부드러운 바람이
뜨거운 이마를
스쳐서 간다

포동한 그녀의
붉은 입술이
사뿐히
내 외로움 끝에
날아오면

끝없는 백사장
나의 타는 가슴에
추억의 샘물
어느덧 고여 오고

산비둘기 한 마리

뜨거운 여름 하늘을
평화의 나래 휘날린다.

고독과 사랑의 빛깔이 머무는 곳에서

번뇌의 하루가
서산에 저물어 가면
사랑의 빛깔이
서녘을 붉게 물들고
고독의 빛깔이
고목으로 내게 와 선다

오래 잊혔던
희미한
추억의 별들이
하나 둘
어두운 밤하늘에
떠오르면

어느덧
보릿고개 언덕
향긋한 고향 냄새가
고독과 사랑의 빛깔로
내 가슴에
스며 온다.

스님의 빗 [僧梳] 외 1편

강 진 구

갖고 싶은 것이 많다
간직하고 싶은 것도 한둘이 아니다
소용 없는 물건일지라도 남 주기 아깝다
인간의 소유 욕망에
예부터 현인들의 사유가 넘쳤다
아낌없이 버리고
나누어 가지라고 충고한다

철이 더 들어야겠다
정신을 더욱 맑게 가지고
삿된 생각을 떨쳐 버리고
나를 돌아보는 시간이 필요하다
그 어떤 환경에도 흔들림 없이
가냘픈 씨앗 하나가 흙을 들어올리며
싹이 트는 평범한 일상을
온몸으로 사랑하고 싶다.

대화

읽지 않은 책이 많다
서점에 들를 때마다
구입한 책들이다
모두 사연이 있는 귀한 존재이다

마음이 공허할 때
누군가에 다가서기 위해
새로운 선택을 앞두고
자연과 함께 은거를 생각할 때
만남과 이별의 추억이 밀려올 때
도전으로 에너지가 넘칠 때
진정한 사랑에 목마를 때

책장에 꽂혀 있는 그들이 말한다
언젠가는 힘이 되어 줄 거라고
다시는 외롭지 않을 거라고
밤새 수많은 대화를 나누었다
창밖에 동이 트고 있다.

끝마무리 외 1편

고덕상

돌아보니 안타까움만 남아
아직도 하고픈 일은 태산인데

못다 한 꽃밭도 가꿔야 하고
아내와 마주하고 다향도 나눠야지

망종 무렵 풋보리 목 따던 아내
시뻘건 피멍울도 다독거려야지

불그레한 저녁노을 베고 누운
조각구름처럼 곱게 물들여야지.

산골 마을

다랑이마다 도랏 씨 뼈
하양 꽃 자줏꽃
흐드러지게 핀
오솔길에

코흘리개 계집애도
오줌싸개 계집애도
나물바구니 내던지고
꽃송이 잡고 깔깔대다

버들가지 목을 비틀어
닐니리 호드기 만들어
소리 내려 애쓰다가
울상인데….

시냇물은 차례차례
낮은 데로 흘러가고
산바람은 휘돌아
손님처럼 왔다 가고.

파도타기 외 1편

고 산 지

나 비록
가진 것 없어도

모든 것 즐기면서
살고 있다네

'괜찮아, 괜찮아' 다짐하면서
거센 세파世波에 몸을 맡기네

바람 불면
바람과 더불어 가고

파도치면
파도에 올라타네

거센 풍랑 두려워
움츠린 사람들

세상 사는 재미
알 수가 없다지만

나 비록
가진 것 없으나

거센 바람 따라
파도에 몸을 싣고

바다 가르는 재미
즐기며 산다네.

민들레

민들레 꽃씨 하나
홀연히 날아와

겨우내 밭이랑에
뿌리 내리네

아른대는 아지랑이
연한 순 돋더니

꽃샘 시샘 땅에 누운
안질방이 잎사귀

꽃 대궁 하늘로
올려 세우네

총포 위 꽃눈 따라
혀꽃 통꽃 어우러져

햇귀에 피어나서
햇덧에 잠이 드는

볕뉘 받아 함초롬히 하얀 꽃차례

꽃을 보낸 그 자리
그리움 솟아나네

그리움과 허전함이
부풀리고 부풀려져

해무리 달무리
관모冠帽 쓴 포공구덕蒲公九德

민들레 꽃씨 되어
바람결에 날아가네.

입동立冬 외 1편

고 재 구

가을을 훔쳐 먹은 영강潁江 속 쟁반 달은
물오리 날개깃에 고운 얼굴 찡그리고
외딴집 개 짖는 소리 입동立冬을 불러온다.

촛불
―병상의 아내를 바라보며

한생을 불사르고 눈물을 흘리면서
그 마음 희생하여 밥 되어 살면서도
육신의 나눔 마당엔 밝은 빛을 뿌린다

금줄 친 경계선은 넘기도 어려운데
대과大科의 증광별시增廣別試 시간은 촉박하니
저무는 찬란한 빛도 운해 속에 묻힌다.

원願에서 한恨까지 외 1편

공 정 식

닭똥 같은
가슴팍에 찬 한恨이
눈물이 되어 목숨에 내린다

살아온 생애生涯보다
살아갈 남은 인생人生

뻐근하고
가슴 뼛골 골마다
사위어 가는….

못다 한 원願이
총총히도 쌓인 한恨

오늘도 가는 세월 속에
나이테를 감고 앉아 울고 있다.

모릅니다

나는
처음도 모르고
끝은 더더욱 모릅니다

오는 사람도 모르고
가는 사람 역시 모릅니다

아침에 같이 있었지만
누구인지 모릅니다

언제나 혼자이지만
내가 나를 모르고
밥 먹고 왜 사는 것도 모릅니다

입은 있어도 말도 못하고
귀가 있어도 듣지 못하고
눈이 있어도 보지 못하고
짚동보다 깊은 목숨소리

내 삶을 새기다가
한恨 많은 갈증을 일구다가
잃어버린 상처만 짓무른 움막 40년
살갗을 에이는

그것은 시린 눈물로
밤이 가도록
썩은 가슴이 휘어지고 산산조각에
시커멓게 타버린 채
살며시 잠이 든다.

사는 맛 외 1편

곽 광 택

아장아장 입놀림하며
손녀가 걸어온다

연필로 무언가 그리다가
깜박 잠이 들었었다

할아버지 물끄러미 굽어보며
베개 고여 주며 잠 잘 자라고

소녀 옆에
말없이 누워 본다

얼굴도 살짝 대보며
고사리 손도 만져 본다

사람 사는 맛
방 안에 향기가 품어 온다.

그대

그대의 그리움이
별처럼 반짝이며
맑은 눈매로
웃음을 지으며

그대의 그리움이
낙엽처럼 쌓이면
따뜻한 손길로
어루 만지며

그대의 그리움이
꽃구름 되기를
떨리는 마음으로
밤이 새도록 기도하며

그대여!
마음의 창을
열어 주소서.

돌아보면 다 사람이다 외 1편

구|본|식|

몸이 멀어지면 향기가 잊혀지고
마음이 멀어지면 사랑이 식어지나니
같은 곳을 바라보는 동안
내 사람이라 소홀히 하지 말자

서로의 시선이 어긋나는 순간
풀잎은 천천히 메말라 가고
어느새 사람 사이가
찬바람 부는 갈대밭이 되는 것

내가 준 사랑의 크기만 저울질하며
속으로 아파하고 원망하지 말자
각자의 마음속에
각각의 우주가 있나니
어찌 하나의 별만이 뜨기를 바라는가

인연이 다하기 전에
돌아오는 길 힘들지 않게
산그림자 볕 들도록 바지랑대 세우고
오롯이 바람 끝에서 기다려 보자

아픈 이별에
뒤돌아보지 않는 사람 어디 있으랴

지는 해를 등에 지고 여행을 떠나는 것도
하나쯤 옹이를 지니고 사는 것도
돌아보면 다 사람이다.

각성
— 김종삼 시인

시를 읽다가
거슬리는 문장의 코털을 자른다
마침표와 느낌표가
푸르르
시를 시답잖게 한다

일없어서 턱
접었다 펴는데
책갈피 밖으로 삐죽이
잠자던 시인이 발을 내민다

〈라산스카〉
〈전주곡〉
〈북치는 소년〉을 앞세워
오두막 걸어 나와

후욱
정신 차리라고
함부로

입에 물린
파이프*에 밤새 얻어터지고….

※이유식, 〈풍속사로 본 한국문단 80년〉, 《계절문학》 2014 가을호

희망 만들기 외 1편

권│병│학│

어렵사리
두 발로 선 아가야
신기한 세상
밝게 웃는 너는
세상에서 가장 아름다운 꽃이다

너희들이 살아갈 세상은
정직한 사람이 대우받고
열심히 일하는 사람이 잘 살고
보편적 원칙이 통하고
다수의 의견이 수렴되는
그런 세상이 되었으면 좋겠다

제대로 숨쉬고 살 수 있는 맑은 세상
기본적 상식이 상위 가치로 통하는 세상
그런 세상을 만들어 주는 것이

우리 모두의 몫이니
이루고 싶은 작은 꿈이라도
가슴에 품고 살았으면 좋겠다.

물 뿌리기

돌도 젖어야
이끼를 키우듯
가슴이 마른 사람이
누구의 마음에 꽃으로 피어
사랑을 할 수 있으랴

힘든 저 사람들을 위해
마음 아파 뜨거운 눈물

흘리는 사람이
사랑할 수 있으니.

물푸레나무 한 잎 같은 바람 외 1편

권 | 영 | 주

이제는 당신의 그늘에서 편히 쉬고 싶소
하지만 인생은 그렇지만은 않더이다

제 아무리 빛나는 꿈이 있다 한들
세상 돌아가는 풍차와도 같은 삶의 굴레!
25시의 이 순간….
스쳐 가는 많은 생각들,

하늬바람에 물푸레나무 한 잎 같은
숨결과 자유를 사랑하는 당신은
가슴이 따뜻한 틈새 한 점 없는
보드라운 나의 바람이더이다

사랑과 희망을 먹고 행복의 시간을 먹는
원초적 바람이더이다.

벗 하나 있었으면

언제나 찬바람이 가슴에 스며드는
외로운 인생입니다

첫사랑의 고백처럼 설레이고 두렵습니다
비 쏟아지던 날,
황사 먼지에 뒤덮이던 날,
뜨거운 햇살이 눈부시게 푸르른 날,
하얀 눈 펑펑 쏟아지는 겨울 내내,

난 지지리도 못나게 진실한 벗 하나
있었으면….

맘속으로 달려와 미움과 원망도 씻어 버리고
미소지으며 어깨 토다이며 곁에 있어 줄
그런 벗 하나 있었으면….

마음과 마음이 쌓여 가득한 향기
고된 삶의 회포 푸는 저녁노을 호숫가에서
샴페인 한 잔 기울이며
같이 저물 수 있는 그런 벗 하나 있었으면….

어머니 외 1편
— 맨발

권 오 견

맨발이 편하데이
당신의 발바닥은 늘 흙밭이었습니다
뿌리로 살면서
긴 겨울 얼어붙어 터지고
터지면서 끊어질 것 같았지만
용케도 살아나
가지가 되고 잎으로 피어나
푸른 희망으로 살아갑니다
어둡고 딱딱한 바닥이지만
깊이 내린 뿌리
당신의 중심을
하늘에다 올려놓습니다
열매가 주렁주렁 매달린
당신의 줄기
춥고 가난했던 맨발이었습니다.

수수밭

들판 가운데 수수밭
훤칠하고 시원스럽다
가지도 없는 홑몸 한줄기
여름내 쉴 새 없이
하늘로 오르는 키 큰 수숫대
앞만 보고 달리는 사람들
어느새 내 키를 훌쩍 넘고
사람들의 희망을 뛰어넘었다
가을볕에 꽃술 피워 올린 붉은 수수밭
일박하고 싶은 곳
귀갓길 저문 참새 떼들
우르르 내려앉는다.

딸의 사진첩 외 1편

금 동 건

딸의 손때 묻은 책꽂이에
빛바랜 앨범이 하얀 분가루 쓰고
그냥 지나가기에는 가슴이 아려
물걸레를 들어 첫 장을 넘기니
세 살 전의 사진이 나를 바라보고
뽀송뽀송한 어린아이의 얼굴
미소 머금은 자세가
내 마음을 휘어잡으니
해맑게 웃는 딸애의 행복한 유년의 그림
한 장 두 장 머릿속에 넣어 보니
무늬만 아버지였지
정이라고는 눈곱만큼도 준 적 없는
허수아비 아버지였지.

아마도

사랑한다 말할 수 없는 그녀의 속사정
아마도라는 섬이 존재하기 때문은 아닌지
해마다 돌아오는 그날이면
세상에서 가장 아름답고 활기찬 세상인데
선뜻 나서지 않은 사연은
아마도라는 섬이 존재하기 때문은 아닌지
그 섬이 존재한다면
그녀 역시 멋진 프러포즈를 받고 싶은 심정
아마도에 다 내려놓았겠지.

꿈 익는 향기 외 1편

김 관 형

한세월 인연 맺은 나그네
기발한 드높은 꿈을 품고
희망찬 줏대 한길을 간다

빛나는 장한 소망의 실현
주리고 곤한 시대 접고서
옹골진 새 누리를 이룬다

짓궂은 찌든 갈등 삭이며
허욕 빚는 짓거리 꼴값
송두리째 내던져 지운다

당찬 재주를 달구고 벼려
병들고 험한 세상 내치고
온 누리 새 삶 향기 띄운다.

느티나무

나그네 길손들이 늘 지나는 쉼터
번화한 팔방 길 인적 없는 곳에
푸른 느티나무가 의젓이 서 있다

어느 누구 버팀목의 도움도 없이
홀로 우람히 자라 꿈 지피며 늙어
나이테를 수없이 돌리고 감겼건만

찌든 누더기에 꼬질꼬질한 거렁뱅이
의젓한 신사 땀에 배인 일꾼 영감도
주머니 높고 낮은 자리 차별 없이
소낙비도 막고 폭염도 식혀 준다

비가 오나 눈이 오나 폭풍이 일어도
들새나 뭇 곤충의 으뜸 보금자리로
서슴없이 끌어안고 품어 준다

야릇하게 곤하고 아린 세월에 지쳐
어둠을 헤매 밑바닥에 누운 인생
삶에 시들어 허기진 처량한 사람들
손 내밀어 보듬고 그늘 덮어 주면
아름다운 이 터전 희망이 비치리다.

겨울비 외 1편

김 광 수

추적추적 내리는 겨울비
바쁘게 움직이던
아파트 공사현장
아무도 없다
우뚝우뚝 세운 철골
뼈대만 앙상히 드러났다
살성 좋던 어머니
팔다리 살 빠지던 모습
떠올라 가슴 저리다
철골 타고
겨울비 끝이 없다.

고향 집 풋감

살았던 초가집 없고
식구들 모두 떠났어도
아버지가 심은 감나무
빈자리를 지키고 있네

감물들인 옷 입어
상그레 웃으며 일하던
식구들 모습 그리워

올해도 풋감은
감잎에 얼굴 숨겨
비바람 햇살 받으며
식구들 품에 젖어들
꿈을 꾸고 있을 것 같네

돌아가신 아버지도 와서
풋감을 바라보며
고것들 참 귀엽다 하실 것 같네.

늦가을에 외 1편

김│근│숙

늦가을 해 질 녘의 어스름
긴 그림자 추억처럼 달고
혼자 귀가할 때의 속살 아려오는 쓸쓸함을
그대는 알까

소슬한 바람
남은 것 모두 앞세우고
미련 없이 떠나가 버리는 바람의 뒷모습을
그대는 보았을까

조금 남은 빛 스러지기 전에
가는 데까지 가 볼 수밖에 없는
그래, 눈을 감고서도 찾아가 설 수 있는
낯익은 문 앞에 서서
따뜻한 불빛 한 줌 찾는 기도
그대는 해보았을까

늘 그렇게
가고 오는 계절인데도
해마다 중증의 시병時病을 앓는 이 가을을
그대는 기억할까

낙엽의 온기로 찻잔을 데우고

부동不動의 자세로 빈방을 지키는
억새풀의 머리 푼 사연을 듣노라면
문 닫히는 소리
세월 무너지는 소리
거기에 내가 서 있다.

복제 인간

참 무섭다

이제 이쯤에서
인간의 지혜는
좀 멈추어 주었으면 좋겠다

여기까지 온 것도
실은 가당찮은 욕심이다

어디까지 올라갈 수 있을까
무너지는 바벨탑

신神의 영역은 그만큼 미뤄 두고
그만큼 남겨 두고
사람들의 몫만 찾을 일이다

그대가 그대 하나뿐인
귀하고 아름다운 세상

자운영 무리 지은 들판에서
옛 세상 그리워하며
풀꽃 반지 만들어 껴본다

내 아이들의 아이들에게도
그렇게 만들어 껴주고 싶다.

환생幻生 외 1편

김｜근｜이

할머니
그여
그 말 한마디 듣지 못해
백의白衣에 묻은 얼룩
지우지 못하고 가십니다
평생토록 짊어지고 오신
그 상처, 한 맺힌 삶으로
혹여
구천에 머무시지나 않으실는지
하늘나라에 안착하시어
편히 계시면
저들의 열도가
지구에서 버림받아
우주 고아가 되어
할머니 앞에 무릎 꿇고
사죄하는 날
얼룩진 백의 갈아입으시고
돌아와
외로운 무덤가에
한 송이 할미꽃으로 환생하세요.

허수아비

겨울 들판에
홀로 남은 허수아비
뜯어진 소맷자락
바람에 펄럭이며
빈 하늘에 삿대질을 한다

모두가 가버린
허허벌판
혼자 남겨진
외로움을 등에 업고
바라보는 허공

바람결에 들려올 듯한
발자국 소리
우렁찬 농기계 소리

풍요롭던 지난날
나눔으로 베풀어 놓고
자연에서 밀려난
허전한 벌판
찢겨 나간 옷자락으로
허공을 휘저으며
불러 보지만

아무도 오지 않고
찬바람만 몰려온다

지쳐 쓰러질 듯
외발로 세상을
버티고 서서
무엇이 신이 났는가
찢어진 밀짚모자
목에 걸고
휘파람을 불면서
연을 날린다.

흔들리지 않는 건 아무것도 없다 외 1편

김 기 순

흔들리지 않는 건 아무것도 없다

역경 없이는
그 어떤 경지에도
오를 수 없기 때문이다

불안과 평온이 공존하듯
불행과 행복이 필연이듯
그것들과 담담히 함께 가야 한다

가다가다 눈물이 나거든
하늘을 보라
그리고 차라리 호탕하게 웃어 보라
절망은 삶을 무너뜨리는
무서운 바이러스다

지금부터라도
인내의 고삐를 다시 움켜쥐고
힘차게 앞만 보고 달려가는 거다
단 한 번뿐인 인생길을.

사회 초년생

빠알갛게 상기된 얼굴로
첫 출근길을 나서는 앳된 초년생
오늘 사회라는 커다란 화폭에
밑그림을 그리려 붓을 들었다
지우고 그리고를 수없이 반복하더라도
당당히 자신의 꿈을 키워 갈 목적으로
한 발을 내딛는 기쁜 날이다
사방이 환하다가
캄캄해지는 첫 경험을 바탕으로
이뤄질 꿈을 향해
아픈 질타에도 웃음
칭찬에도 웃음
납작 엎드린 자세로
최고의 자리에 우뚝 설
그날을 위해
최선을 다할 그에게
아낌없는 큰 박수를 보낸다.

나 홀로 차 한 잔을 외 1편

김 기 완

나 홀로
선비답게
차 한 잔 마시는 여유
기품이 있어 멋진데

시냇물아
누구를 위하여
쉼 없이
아름다운 선율을 읊는가

한 마리 산새 날아와
내 마음 알아차린 듯이
오도 가도 못하고
고개 갸우뚱

어느새 자연의 풍경에 어우러져
물은 또 다른 나로
생각 바꾸어
깊은 강물로 흐르고

세치 혀끝에
뒷말 섞지 않고
뒤틀린 기나긴 미움

물 위에 띄우니

산새 시원히 노래 부르며
먼 숲으로
가벼이 날아간다
먼 숲으로….

마음의 여백

가슴 시린 날
흐릿한 기억 안고
차디찬 땅 위에
뒹구는 차돌 하나에
마음을 읽고

달맞이꽃도 생각이 깊어
무지개처럼 핀다

향수에 젖어 나 홀로
목주름 지우다 지우다
높고 넓은 세계가 보인다

바닷가 모래성을 쌓아올린
아이들의 기쁨처럼
열정을 쏟아 부은
짧은 시 한 구절

'영원한 나의 사랑'
작은 가슴이 뭉클해

이 나이에 아직 지워지지 않아
별처럼 아름답다면

우수에 찬 눈빛이라도
모든 일이 끝나는 순간

나, 영원히 행복하리라.

가을이 되어 외 1편

김 기 원

엄마를 잃어버린 새끼처럼
마음도 몸도 바쁘다
참깨 알로 모를 마음의 깊이
스스로 버겁다
가을 낙엽 소리가 보태어
봄 차밭을 생각하면
이런저런 일도 있었구나
자꾸 물레방아질한다
마음 한구석에 물 사마귀로
떠나질 않는 50세 넘은 딸
아침마다 얼굴을 볼 때마다
빚 갚고서야 눈 감아야지
유언도 없이 전화질만 하다
쌀값 떨어져 세월이 원수로다.

그리운 소리

가을이 오면
달빛이 그리워
차실에 앉자 차를 끓인다

낄낄낄 낄낄낄
짝 찾는 귀뚜라미 울음소리가
찻잔이 함북이 돌려 싼다

잠 못 이루는 가을밤
울적이 빈 마음에 차 마시니
달아 버린 얼굴빛 아름답다

고운 님 웃음소리
산 넘어 바다 건너
곱게 물들게 띄워 보내라.

김 매는 날 외 1편

김기전

40, 50, 60년대 아낙네는
참으로 고생 많이 했지
꼭두새벽에 일어나서
동네 우물에서 물을 퍼담은
옹기동이를 머리에 이고
종종 걸어와
항아리에 붓고
아침밥을 짓는다

아침상을 치우고서
놉에 줄 새참 만들어
광주리에 담아
머리에 이고
35도의 폭양 속이라
등에 업은 아이가 보채면
아이의 머리를 앞으로 돌려
젖을 물리고

한 손은 주전자 들고
또 한 손은 광주리 잡고
곡예하듯 논두렁길로
요강다리 논에 이어다 주고
바쁜 걸음으로 집에 와서

점심 지어 놉상* 차리기가
아이 업고서 고단한데도
여인들은 행복하다 했다.

※놉상: 일꾼들의 밥상

요즘 여자

요즘 여자들은 살판났지
주방에서 꼭지만 틀면
찬물 뜨거운 물이
콸콸 쏟아지고
스위치 누르면 밥이 되고
아이들은 장난감 주고
보행기도 태우면서
유치원에 보낸다
여자들의 삶이 편해져 가자
여자의 목이 뻣뻣해져
남자를 종 부리듯
완전히 거꾸로 가는 세상
마누라 한마디에
고개 숙여야지
부당하다고 핏대 올렸다가
마누라의 두 마디에
제풀에 꺾여
행여 잘못될까 봐
납작 엎드려서
눈치 본다.

호수에 담겨 외 1편

김|동|익|

물 따라 흔들리는 수초 바람 실려 오신 당신
그리움인가 보고픔인가 바램을 안고 오십니다
물 따라 바람 따라 울빛에 실려 웃는 당신
망상에 깊숙이 젖어 바라보는 순간의 고운 얼굴
숲의 산하 하늘에 잠겨 잔잔한 미소에 물빛으로
헝클어진 머리 날으며 호수에 담긴 진실한 당신이요
너울너울 춤추는 미소를 마음에 담아 안아 보고 싶어요.

덕능골 탐선방探仙房 이야기

30년의 가르침의 세월
명예교수 직함 자유로운 항해사 기쁨
자연에 묻혀 벗하며 사색과 묵상
터전에 은거 산천초목과 이야기 시간을 가졌습니다

새 힘의 정력을 배려 봉사코자 덕능골 탐선방 사랑방 이야기
갈고 닦고 연마한 고전 노장철학 생활 속에 접목해
이야기하는 노교수님과 듣는 노학동 간의 편안함의 웃음꽃으로
기다려지는 토요일 오후 3시 덕능골 탐선방 사랑방 이야기입니다

무하공의 배추밭 물 주기 기계문명 편리주의 따른
인간이 미래에 감당할 고통 예견 첫 대화 시작
춘하추동 4계절 여섯 번 변화에도 구름에 달 가듯
초심을 잃지 않으시고 심곡深谷 샘솟듯 누구에
초인간의 열강을 쏟는 송항룡 노교수님이시라

노자 장자 깊고 넓은 철학을 말과 글로 알려주고자
책을 통해 자연 속에서 몸소 체험하시면서
명상을 통한 깨달음의 생활 철학을 열강하시는 교수님
듣고 들어도 다시 듣고 싶은 강의 덕능골 사랑방 이야기입니다.

김동익

사부곡 외 1편

김|명|호|

공부가 하도 추워 고무신 신은 날은
제풀에 풀이 죽어 쥐구멍을 찾는데요
이슬비 옷을 적시듯 속을 젖게 하시고

농사를 짓다 보면 때가 매우 중요한 법
하지 뒤 심은 벼는 쭉정이가 반이라며
잡지도 놓지도 않고 칼을 갈게 하시던.

폭우

억수로 퍼붓더니 세상에 배 뜨겄다
변두리 잠긴 마을 덮쳐온 땅거미가
휩쓸고 지나간 자리 쑥 한 점이 파랗다.

한로의 계절에 서서 외 1편

김｜사｜달

머언 하늘가에
서리가 묻으면
철새도 홀로 날지 않는다

숨 가쁜 어깨를 서로서로 문지르며
갈망처럼 사라지고

홀로 지키는 시선의 해안
어두운 그림자로 찾아오는 사람아
철새처럼 가즈런히 어깨를 그리면서
한로의 계절을 날고 싶은데

노을로 타는 그리움
고단한 무릎을 끌며 혼자 가는
땅거미가 낡은 담요처럼
포개져 흐른다.

상가에서

쇠덕석 같은 한생이 저물었다
가로질러 가는 길
꺾어 돌아가는 길
모로 가고 윷으로 가고
걸로도 가더라마는
도개로 저는 길 멀고도 팍팍했다

더러는 모밭에서 환호성도 높았다마는
덜미 잡힌 고빗길에는 야유 소리 더 아픈데
생애에 한번이라도 승해 본 일 있었던가
덥썩덥썩 꺾어 버려야 승자로 남는 세상
목구멍에 걸린 밥을 꾸역꾸역 토해내며
울지도 못해서 하늘을 쳐다보니
윷판 같은 하늘가에
별똥별이 떨려난다.

나는 영원한 현역 외 1편

김 상 현

봄 동산 진달래 청명절에 붉은데
거실에 철쭉 입춘절에 활짝
수분 온도 영양 삼합이 철 없는 꽃

인간 칠십 고래희는 옛날 속담
한철 30세 사철 120세가 제철 수명
정년 없는 현역 활동이 관건이어라

흐르는 물 맑고 맑은 물 은어 논다
늘 푸른 상록수 사철 푸른 소나무처럼
인류 소망 백장생 영원한 현역으로!

못난이 효자

잘난 자식 유학 외국 교수 되고
보통 자식 대학 나와 회사 중견
끈 짧은 자 논밭 갈아 부모 봉양

금강송 궁궐 사대문 대들보
청송백 민가 창고 가구 재료
옹이 소나무 선산 고향 지킴이

잘난 자식 손자 일 년에 한두 번
보통 자식 집안 행사 명절에 상봉
못난 자식 이웃사촌 날마다 함께 살다

나는 너는 셋 중에 어느 자식일까?
콩 심은 데 콩 나고 팥 심은 데 팥 난다
오늘을 잘살아 내일에 행복 빚어 보세!

중앙공원에서 외 1편

김 석 태

희뿌연 대지에
켜켜이 쌓이는 노을빛 엽서들
갈바람에 날아옵니다

금잔디 언덕길에
바스락바스락 소리 내며
말라비틀어지는 단말마 고통들

아무리 강조해도
지나치지 않을 인생강론이어라

갈 엽서 쌓이는 공원
이별의 손짓들, 아린 내 맘이여.

문경연탄처럼

갱구는 꽉 닫혔지만,
마음의 문은 열려야 한다

19개 구멍 뚫린 연탄처럼
소통이 잘 돼야 한다

한 줌의 흰 재가 될 때까지
가슴에 숭숭 뚫린 구멍으로
열정의 불길 타올라야 한다.

새벽시장 외 1편

김│선│례│

바다 향 가득 품은 자갈치 새벽시장
손끝에 일렁이는 삶들이 파닥인다
먼 바다에서 실려 온 고깃배들
아침부터 저녁까지
바쁜 일상을 들여다보며 건너는 기쁨
양손에 가득 들린 은어들이
누군가 식탁 위에 행복을 나르고
삶에 활력이 되어 가겠지
해조류 깃발처럼 펄럭이는
심해의 깊은 바다에서 건져 올린
싱싱한 먹거리들이
진열로 서는 자갈치 새벽시장에는
지금도 굵은 팔뚝 같은 젊음이 새벽을 연다.

하나의 밀알로

나 하나의 존재이기 전에
가족이 있고 이웃이 있고
사회와 국가가 있습니다
그리고 더불어 사는 인간세계가 있고
주님의 은총이
온 누리에 가득합니다

나 하나의 이익보다
남을 위한 배려가 곧 나의 행복이요
진부한 삶의 원천입니다

평화를 위한 인류의 소망도
참다운 믿음이 인도하는 길
신앙의 뿌리가 결코 구원하는 것
하나님 은혜 안에 평정된 세상길
하나의 밀알로 헌신하는 일
우리 모두 긍휼히 여길 일입니다.

연꽃 외 1편

김 선 아

정적이 순례하는
묵은 연못에
꽃받침 등걸처럼 허리에 두르고
진흙 위에 오른 꽃

썩는 듯 역겨운 물내에도
잠재된 기상은 회의에 괘념치 않아
기포처럼 고고히 퍼져 울리니

비가 걷힌 창공을 마셨는 듯
어지런 물가 명주처럼 달래어
인적의 공백을 너그럽게 채운다.

국화차 앞에서

황토 향 그윽한
가을 차방

질항아리에 꽂힌
노억새

바람도 자는데
마음 하나 흘리듯
뜨거운 물 따르면

이내 그리움의 옷을 벗는
노란 꽃잎

하나씩 둘씩
펼치는 조막손.

어머니 당신은 외 1편

김│선│옥

아슬한 달빛 속에
천년 사랑 마음 열고

시계추 목청 돋는
바람 같은 삶이지만

깃 세워
아우르며
가시밭길
일깨운다

깊은 시름 다독이며
별을 헤는 무게만큼

연륜의 갈피마다
새겨지는 그 발자국

큰 숨결
싱그런 뜨락
들국화가
피고 있다.

무궁화

비바람 눈보라에 헤쳐 온 목숨이며
동지섣달 서릿바람 허위적 시련 앞에
네 꽃등
아니더면
손을 어찌 맞잡으랴

침묵을 찍어내는 깊은 뿌리 오가면서
골 깊은 마음자락 하현달로 얼을 빚듯
뜨거운
온천지에
웃음 더욱 익어 가네

숨 가쁜 그 심 하나로 아리랑 노래하나
능선 곧 챙겨 앉은 너와 나의 나래짓

긴 세월
횃불 축제
출렁이는 바다이네.

누렁이 외 1편

김|선|우

학교에 갔다 돌아오면 고요만이 적적하게
앉아 있던 우리 집
그 고요를 열고 나온
누렁이가 나를 반기곤 했다
누렁이는
가족들이 과수원에 나가 일을 하면
집을 지키고
가족들이 집에 들어오면
과수원으로 달려가 과수원을 지켰다
어느 날
친척 아저씨가 우리 자전거를 빌려
끌고 가려고 하니 집을 지키던 누렁이가
자전거 앞바퀴를 물고 놓아주질 않는 것이다
아저씨는 자기를 몰라본다며 술김에
외양간 두엄을 치우던 쇠스랑으로
누렁이를 찍어 죽이고 말았다

세상 모든 부처님은 돌을 입고 앉았지만
그 돌 틈 골짜기마다 쑥잎처럼 자비가 돋고
그 쑥잎을 볼 때마다 우리는
지금도 저세상에서 한 조각 쑥개떡을 물고
내 유년의 집을 지키고 서 있을
누렁이를 생각한다.

마등산 · 8

풀섶 한 켠에
벌레 한 마리 웅크린 채
조금씩 꿈틀대고 있다
지팡이로 건드려도 기어 가지 않는다
다음 날
그 길을 가다 보니
벌레는 죽어서
개미 떼에 몸을 뜯기고 있다
개미들은 분주하게 줄지어
집으로 먹이를 나르고 있다
벌레는 죽어 개미들에게
자기의 몸을 보시하는 격이다
벌레의 삶!
내 삶과 무엇이 다르겠는가
나는 죽어서
누구에게 내 몸을 보시할 것인가
벌레만도 못한 삶을 사는
내가 아닌가.

적자생존適者生存의 말발

김｜성｜계｜

만물 생존의 터전
푸른 물결 드세지며
오가는 길섶 몰아친다
삶의 위상 들쑥날쑥
못 찾은 발길 어리둥절
지금도 피안만 바라본다
누구를 탓하고 원망 말고
허물은 현상으로 돌려놓고
지피지기는 양지良知의 푸른 강 줄기차게.

하루살이 외 1편

김│성│일│

오늘도 아침노을은 선홍빛이다
동산에 올라 황톳길 따라 돌면
주름진 이마들이 손을 흔든다
돌아서서 백지 위에 광대 춤도 추고
컴 속 미지의 세계를 탐험도 한다
TV 신문에는 무질서가 활개 치고
천국으로 달려야 할 세상을
여의도 마차들은
안개 낀 광야로 내달리고
충만할 하루는 하늘로 사라진다
독서삼매에 들면 석 장도 못 넘기고
뇌파는 안개 속에 묻혀 버린다
죽음 같은 더위 피해 폭포수 밑에서
자맥질 하는 꿈을 꾸다가
의자에 앉아 사색에 잠겨 본다
나무가 나이테를 자랑한들 무엇하리
때가 되면 식은땀 흘리며 고사목 될 것을….
우리 요단강 건너가면
저 행복의 동산으로 나들이 가자
친구 술잔은 계영배가 최고야
건강하세 건배하면 입에 함박꽃이 핀다
오늘도 해는 서산으로 기울 테니
마지막 진액이 다 소진될 때까지

청산처럼 늘 푸르게 살리라
마음 흔드는 것들 다 지워 버린
하루살이의 춤사위여.

향수의 텃밭에서
—정지용 생가에서

어둡고 사나운
돌밭 길을 걷는 길에는
서리꽃이 만발하였다
비비새가 울며 북쪽으로 날아가고
꽃들은 가시덤불에 떨어졌다
산 넘어서 저 북쪽으로
떠나가는 상처와 아픔이 있고
바라보면 매운 향기가 눈시울에 젖어
숲 속에 부는 바람은
세상에 맡아보지 못한 악취가
지상에 가득했다
6월의 바람 속으로 사라진
당신의 향수가 가슴 깊이 젖어들어
비문을 읽어 내리면 잊지 못한
그리운 향수에 젖는다
철새들 떼 지어 날아왔다
깃털만 남기고 바람으로 사라지고
향수의 시비만 홀로 남아
오가는 자들의 안부를 묻는다.

오늘도 잘 살았습니다 외 1편

김수야

쏟아져 나올 이야기가
닮은 듯 모습을 드러내는
삶 속에는
바람처럼 크고 작은
흔들림이 있다

마치 손에 닿을 듯
비밀이 숨어 있는 것처럼
겹겹이 둘러싸여
때로는 고통을 주고
때로는 웃음을 안겨주는

그 삶 속에서
한 걸음씩 걸음마를
떼다 보면
아슬아슬하게
내 인생의 안식처를
끌어안게 된다

하루를 돌아보면
디딤돌 다시
두드리게 하는
지나온 인생 따윈

벌써 잊은 듯
불편한 그림자도
시간을 내주며 맘 누울
자리 찾아 보잔다

팔자도 힘들어
하는 세상
좀 쉬어 가자고
잠 재워 놓을 듯한
바람이 속살거린다

운명의 길은 말한다
못 삭인 설움이 아니라
한순간을 머물러
주지 않는 흐름에게
아는 척하며
손 흔들어 주자고
오늘에게 감사하며
그렇게 살자고.

비 내리는 곡성 장미축제

빗물이 그리움 되어
장미 꽃송이에 여울지더이다
사랑을 머금은 송이송이가
지천으로 널려
연인의 길도 내주더이다

아름다움에 행복까지
담아내는 사연이
그리 흔하던가요
사람마다 고운 마음씨가
그려지고
추억 속으로 달리는
한마당은
시간 가는 줄 몰랐어요

곡성 마을에
울려 퍼지는 메아리는
사람마다의 흔적을 담아
차곡차곡 저금통장에
적금을 하더이다

바라보이는 산기슭
비바람에 흩어진 운해는

꽃 마당까지 놀러 와
우리들의 맘을
헤아려 주더이다

고마움에 연못에 연꽃까지도
고운 자태로 눈물짓고
비 내리는 장미꽃밭
때맞춰 내리던
빗물의 사연에
행복이 막 묻어나는 걸
나는 보았어요.

팔월 외 1편

김 순 녀

그대라는
이름 하나
가슴에 심어 두고
서성이던 창가

달무리 속에
숨어들어
가물가물
반짝이던 별빛

따가운 가을볕에
며칠 더 걸어두면
알알이 영근 사랑
거둘 수 있을까.

구월

비단 구두를 기다리는
철 없음이
빙빙 허공을 맴돈다

작은 발을 내밀어 보지만
미투리 한 짝
빙끗 웃는 오늘

깨어진 시루 덧분을 바르듯
또 다른 내일에 점을 찍으며
철들지 못하는 바보

그렇다
그 하나 지킬 수 있다면
철저한 숙맥이 되어도 좋다.

마음의 창 외 1편

김｜연｜하

하늘은 바라보는 거울
저마다 사람들의 마음속에는
자신을 보는 창이 있네

보랏빛 마음을 열어 보니
소리 없이 찾아온 그리움 한 줌
당신이 주는 고마운 꽃잎

그 속에 간절한 소망과
애틋한 사랑, 오래 간직한 행복
미움까지도 들어 있듯

인생의 잊을 수 없는 여운
창이 열리면 설익은 사랑으로
마음만 붉게 익어 가리.

사랑의 향기

그대 내 몸처럼 아끼기에
햇살 고운 창가에 붉은 장미꽃
싱그럽게 가득 채우려네

내 모든 걸 다 준다 해도
아깝지 않은 소중한 사랑으로
싱그러운 마음을 열어 가며

정겹고 끝없는 사랑
은은한 향기가 솔솔 피어나서
온몸으로 퍼져 나가듯이

많은 세월이 지나도
꽃향기 피우는 당신의 사랑을
가슴속에서 지울 수 없네.

날마다 돌아서는 여자 외 1편

김｜영｜규

속눈썹을 내리깔고 돌아서자
내일로 가는 길이 바싹 다가서기 전에
오늘,
미련 없이 툭툭 털고
소품小品 같은 일상을 개키고 접어
한구석 밀어 넣으며
도도하게 구두 굽을 또각이며 돌아서자

살을 엘 듯 시린 바람이 스며도
멍든 가슴엔 신신파스를 붙이고
가슴 한 쪽
푹 파인 살점 위로 빨간약을 쏟아 부으며
붉은 립스틱을 덧칠하며

삶이란
살아지는 것이다
날마다 넘어져 멍들고
고꾸라져 상처 입어도
뻥— 뚫린 구멍 위로
대일밴드 하나 척~ 걸쳐 붙이면
상갓집 곡소리도 멈추는 법이다

칼바람 소리를 내며 냉정하게 돌아서자

지난 시간으로부터
어제는,
죽은 자의 삶 같은 어제는,
죄 사함 같은 눈밭으로 자박자박 걸어 나가
매몰차게 잊어 주자
날선 저 바람처럼 싸늘하게 등 돌려 주자.

일몰 · 2

꿈꾸는 연어 알 하나
덩그마니 떠 있다

잡아야 한다
저 꿈이 깨기 전에
안아야 한다
저 꿈을 놓기 전에

그래서
함께 잉태를 꿈꿔야 한다

나는
꿈을 잡으러 서쪽으로 간다.

벚꽃 외 1편

김 옥 향

피 끓는 청춘
잎보다 꽃이 먼저 하르르 타올랐다
가난이 한恨 져
밥꽃이 되기도 하고
굴욕의 세월
뼈를 갈아
인내의 꽃을 피우기도 하였다

조팝꽃이 옆에서 말한다
그것으론 부족해
하얀 불꽃이 되어 봐

아,
첫달거리 때문에
당황하여 움트려던
그 꽃망울을 잃어버렸구나

이제
초록이 물드는 세상 앞에서
다스운 봄 산이려오.

노을

태양이

소나무 숲을 지나며
풍경 한번 되고

네가 사는 마을에서
붉은 입술이 될 때까지
하늘에 잠긴다

이빨의 날을 세워
불타는 해바라기 되었다가

꽃이파리 하나를 뽑아

푸른 섬 여름밭에 가서
잘 여문 옥수수 되리.

백일홍 외 1편

김원식

길 가장자리에
의연한 자태를 뽐내며
언제나
묵묵히 침묵을 지키고 서 있네

육칠월 찌는 듯한 태양 아래
슬픈 사연 뒤로한 채
오가는 모두를 지켜보면서
때가 되면 꽃을 피우네

백일을 피어서 백일홍인가!
아름다운 여인의 모습처럼
오랜 기간 활짝 웃는 네 모습
더위마저 식혀 주네

환하게 웃는 모습
오가는 이의 마음을 사로잡아
즐거움을 주는 그대
벌, 나비 함께 하늘거리네

누구를 위해서일까
님을 기다림일까
오래도록 밝은
그 모습 그리워진다.

서호

고요가 머문 자리
풍광에 젖은 물이
대야로 가득하고

호수 한켠에 걸터앉아
단교를 바라보는 눈빛
물빛 어린 서정이 가득하네

연꽃이 웃음 짓는
풍만한 가슴 활짝 연 서호
한 잔의 작설차로
발걸음 멎게 하는 곳

언제 다시 만나 보나
빼앗긴 넋을
고동치는 뭇사람들의 마음을….

개구리, 자진모리 외 1편

김│정│희

풀숲에 소리꾼이 밤이면 여는 굿판
어여쁜 목숨들이 제 목청 틔우면서
징소리 북소리 없어도
왁자지껄 자진모리

몸에 지닌 성낭聲囊은 살아 있다는 표적表迹
노랫말 다듬느라 뜸 들이고 밤 지새우며
개구리, 무당개구리
득음 위해 목숨 건다

겨레가 예순 해를 눈 부라리던 역사 앞에
앞뜰에서 소리치면 뒤뜰에서 화답和答하듯
남녘과 북녘 개구리
쾌지나 칭칭 했으면!

서리 맺힌 꽃숭어리
—소녀상

못다 핀 꽃숭어리 된서리에 시들었다
왜바람에 휘둘리어 기진한 조선의 꽃
천애天涯의 낭떠러지에
소쩍새로 울었으리

발 딛을 땅을 잃고 격랑에 떠밀리어
산목숨 짓밟힌 채 멍들었던 꽃잎들
한 바다 붉게 물들이며
숨죽이고 흘러갔다

나라 잃은 멍에를 네 어깨가 짊어졌거니
죄 없는 낙인으로 버려진 한생애를
오뉴월, 서리 맺힌 원한
뉘 있어 풀 것인가.

반어법의 미학 외 1편

김│종│기

1
남녘 마을의 여름은
배롱나무 꽃들이 기승을 부려 밉상이다
동녘 마을의 여름은
모래톱 알몸들이 늘씬할수록 꼴불견이다
서녘 마을의 여름은
갯벌의 풍천 장어들이 옹골찬 게 징그럽다
북녘 마을의 여름은
댐마다 출렁이는 물살에 잠긴 산이 얄궂다

2
비 온 뒤 낡은 문짝에 흐르는 녹물이 싱그럽다
아름다운 정원의 꽃들은 사랑하지 말아야 한다
추태를 맞세울수록 돋보이는 망패妄悖*가 좋다
해벽을 치는 해일의 파도야 네 심술이 참 고맙다

3
얼마나 가혹한 반어反語를 깊숙이 품어야
나의 생명은
솟구치는 아름다운 샘물처럼 잔잔히 숨느냐.

※망패: 망령되고 도리에 어긋남

세월

가을
초입의
저물녘

가랑잎
떨어지는
아름다움이
차라리
자분자분하다

가을맞이
기쁨에
아! 하고
놀라는 찰나

겨울
초입에
다다른
내 발걸음이
벌써 시리다.

가을 풍경 외 1편

김 종 원

먼 하늘
바라보다
늙어 버린
동구 밖 느티나무

허수아비 팔에 안긴
재잘대는 참새 떼
가을이야기 한창이고

수숫대
고개 숙여
풍년 비는 한나절

가을은
들판 가득히
황금 빛으로
달려오네.

추석

고향 떠난 나그네
고향 그리듯
소쩍새는 울고

조상이 잠든
선산 자락에
둥근달 떠오른다

철없이 뛰놀던
산마루에
부엉새 소리 애달픈데

어릴 때의 고운 꿈
별빛 되어
반짝이고

달빛 푸른
선영에 아롱지는
이슬방울

망향에 눈물짓는
나그네의 가슴에도
둥근달 떠오른다.

지배 이데올로기론論 외 1편

김｜준｜경

고려 때는 불교,
이조 때는 유교,
현대 사회에 와서는
기독교가 하나의 지배 이데올로기가
될 수 있다는
어느 목사의 예언

그 서학西學에 반反해서 생겨난 것이
동학東學─천도교 아니겠는가
서방 종교에 대對해서
인내천人乃天이라는 핵심 사상 철학

교계敎界에서 무슨 논리를 펼지라도
우리 민족의 정체성까지
갈아엎을 수가 있을까?

국민은 그런 이데올로기를 싫어한다
이제 우리 겨레여,
고유한 정신을
회복하자
회복하자
회복하자.

어머니의 시詩

천진무구한 동심으로
맑고 깨끗한 글을 쓰시는
어머니, 어머니의 시가
평가를 제대로 받을 거예요

세상은 난잡하고 혼돈, 혼란,
어머니같이 순수하시고 선善한 시를
무시하는 이 문학적 풍속도는
파국으로 치닫는 열차 같아요

21세기 문명의 무질서 속에서
마치 미국의 여류 시인, 에밀리 디킨슨처럼,
사별死別하신 뒤에라도,
사람들이 좋아할 거예요

시詩가 무정부 상태요,
이 혼란한 태풍이 지나가서
어머니, 어머니의 시를
사람들이 좋아할 것이어요

어머니, 고통 속에서도
시심詩心을 잃지 않으시고
수정같이 빛나고 투명한

어머니의 시

당대에 인정 못 받으시는 것이
자식으로서 안타까울 뿐이랍니다

어머니의 시,
영원하시라.

산골 마을 외 1편
— 산촌

김 | 창 | 현

잠방이
밀짚모에
황소 모는 저 농부야

우로 좌로
몰이 소리
메아리 우렁차다

산촌의
다랑이 논에
모낸 풍경 정겨웁네

솔향기
머문 골에
맑은 물 흐른 소리

청풍이
스친 가지
새 앉아 노래하네

자연과
더불어 사니
이 얼마나 좋으냐.

잔설 殘雪

계절이 고개 넘어
봄이 오는 고갯길에

이슬비 보슬보슬
대지를 적시는데

흰 눈이
북쪽 바위 아래
버티고 앉아 있다

한때야 온천하가
제 것인 양 깔고 앉아

흑백 고저 다 없애고
천하 통일 하였지만

이제는
네 세상 아니니
그만 물러가거라.

추석 귀성 외 1편

김 태 수

어둑발 달님 얼굴 은은히 나타날 때
달려간 플랫폼 기차 잡고 숨 돌린데
월하의 완행열차는 한가위를 부른다

괘액 꽥 기적 따라 내뿜는 석탄 매연
역마다 쉬어 가는 자정의 완행열차
그토록 달려가지만 만월 아래 대전大田이네

언덕길 트럭처럼 힘겨운 증기열차
난간과 지붕까지 올라도 또 태워서
귀성객 역마다 불어 기관차는 더넘차다

한 저녁 달려온 길 원망은 사라지고
새벽의 애기먼동 향리鄕里*를 바라보니
저만치 반야산 품속 미륵불*이 손짓한다.

※향리: 논산시 관촉동
※미륵불: 관촉사 은진미륵

마음에 뜨는 달

칠석날 달님
더위를 못 참아
매지구름
속 들어가 유영하다가
폭풍우에 시달리다
눈물 쏟으며
아스라이 사라진다

잠시 몸을 감추었다가
구름 틈 사이로
먹장가슴 안은 채
얼굴 살짝 내밀고
저어하면서도
억지 미소 띄우며
벗하잔다

이런 일 저런 일 어룽이며
드설레는 마음은 달 뜨인데
마음 나눌 수 있는
그 내 가슴 빈곳에
청아하게 뜨고 있다.

머물지 않고 외 1편

김태자

만날 때는 꽃 피고
슬픔은 못 챙기어

설렘은 빛바래어
미움으로 떨어지니

못 믿을 마음을 두고
언약할 일 아니네.

하 마냥 젊을 듯해
시들 줄 몰라라만

세월에 절로 밀려
뒤안길 접어드니

공들여 간추려 봐도
그 모습이 아니네.

길기도 긴 시간이
때로는 또 한순간

눈부신 날들 뒤엔
뒤따르는 그림자

들치면 곳곳 담痰이 들어
뜻대로는 아니네.

봄 소식

매화 꽃 피었다기
한 걸음에 나가 보니

봄은 벌써 찾아와
가지마다 해맑고

먼산의 잔설만 보고
세월 더디다 했네.

고희를 맞으며 외 1편

김 풍 배

덜커덩 단 하루를
넘어왔을 뿐인데
예가 바로 그 유명한 고희란 고개로세
고개가
깎이었나 봐
예사인 듯 넘었네

인생길이 짧다고
말들 하지만
돌아보니 그렇게 짧은 길만 아닐세
아득히
촘촘 엮어진
곱디고운 추억들

덤으로 얻은 세월
내일은 생각 말자
주어진 오늘 하루 미련 없이 살으리
빈 몸에
훌훌 털고 갈
나그넷길 인생길.

인생 성적표 · 2

시작과 끝 등 대고
기대어 섰는데
보내고 맞이하는 섣달 그믐날 밤
엊그제
같은 시작이 벌써 끝이 나누나

인생의 외줄기에
매어 있는 시작과 끝
주판알 한해 한해 옮겨 놓을 때마다
매겨진
삶의 성적표 고스란히 남는다

이 세상 살다가
저세상 가는 날
후손들이 들여다볼 내 인생 성적표
서툴게
엮어진 삶이 돌아보니 아쉽다.

그냥, 지금이 참 좋습니다 외 1편

김 | 훈 | 동 |

그냥, 지금이 참 좋습니다
그건 선택입니다
기진맥진 지친 삶에
희망의 속살 돋게 하는
햇살 있어
그냥, 지금이 참 좋습니다

뉘 괴롬 하나 달래 줄 수 있어
뉘 아픔 하나 덜어 줄 수 있어
만나는 사람마다 웃음 나눌 수 있는
여유로움 있어
그냥, 지금이 참 좋습니다
그건 감사입니다

나는 내 감정의 주인
걸어온 길 모두 껴안아도
남과 비교하지 않게 되어
남과 다투고자 하지 않아
그냥, 지금이 참 좋습니다
그건 행복입니다.

장안문[※]

화성의 관문
수도를 상징하는 장안은
나라 안의 첫째 가는 관방關防
닫힌 문루가 아니라
두 손 벌려 껴안듯
민초들 보듬는
열린 문루
우진각 지붕 아래
백성들 안녕 기원하며
치마처럼 두른 옹성
만백성을 보호하네

오래도록 평안을 노래하는 장안은
나라 안의 가장 큰 성문
개혁군주 정조의 생각
2백년이 받혀준 댓돌머리에
지혜가 빛나네
오가는 이들 몸 섞어
역사의 깊은 향기를 마시네
오랜 세월을 베고
곧게 서 있는 화성의 정문
단아하고 웅건한 자태
안과 밖 무지개같이 만든 홍예

하늘을 이고 앉아
덩달아 우쭐대네.

※장안문: 정조가 축성한 수원 화성의 정문

춘분 다음 날 외 1편

노선관

춘분이 지났으니
제철 봄 맛을 느낄 만도 하련만
아직도
찬 바람이 속으로 파고들어
나를 잔뜩 움츠리게 한다

아파트 마당에 진달래가 곱다고
아내가 호들갑을 떨건만
내 귀엔
먼 낯설음일 뿐
전혀 실감이 없다

봄길 환하게 열고 와야 할
그대는 기별이 없고
마땅찮은 얼굴을 한
구름 한 점
심술스레 하늘을 헐뜯어 쌓는다.

돋보기안경 너머로

이미 삭아 버린
수수깡 안경으로는
글자가 보이질 않아
돋보기를 걸치고 앉아
그대 '편지'를 읽습니다

뻐꾸기 심란스럽게 울던 날
입 언저리 까맣도록
뽕나무 열매를 따먹으며
배실배실 웃던 옆집 순이가
보리밭 고랑으로 숨자고 다그치던
옆집 그 순이가

못 들은 척 도망치던 나를
얼마나 용렬하다고 생각했을까

지금껏 후회스러운
유년 시절을
가슴 후듯해지는 그대 '편지'로
읽습니다

돋보기안경 너머로
읽습니다.

갈대는 꽃을 피우고 운다 외 1편

노 준 현

하늘 가득 떠가는 흰 구름 한 점
두 손 모아 움켜쥐고
갈대는
한줄기 꽃을 피우고 운다

여름날
푸른 꿈
하늘 빛 간직하고 싶어
온몸을 태운다

꽃피고 조각난 꿈
밤하늘에 은하수 뿌리듯
흐릿한 추억
흔적만 더듬고 있다

손들 바람에 가슴 한번 펴지 못한 채
손사래질 하며 울고 있는 갈대
멀어져 가는 세월만 슬퍼한다
남아 있는 햇살에
눈물마저 하얗게 타는구나.

눈꽃 핀 한계령을 가 보아라

꿈꾸듯 하나 된 세상
그리운 그 사람들의 얼굴처럼 피어나는
그 순간을 놓치지 말고
눈꽃 핀 하나 된 세상 한계령을 가보아라

잠시 가던 길 멈추고
한계령을 바라보면
내 입은 옷이 초라해지는 순간
욕망이 만든 흉물 같은 세상을 보리라

하얀 마음
하나 된 세상 없겠지만 하면서도
위도 아래도
가파른 절벽에서 선 나무도
반쯤은 넘어간 나무, 풀잎도
버림받듯 뒹구는 몽돌까지도
하나같이 하얀 솜이불 속에서 속삭이는
축제의 웃음꽃 소리 들어보라

우리는
눈꽃, 눈꽃이라 부르지만
꿈속의 그리던 하나 된 세상을 보리라

하늘 내린 눈부신 눈꽃 축제
숨결 같은 그리운 그 소리
그 소리를 들어보라
하얀 마음 하얀 속삭임 하나 된 세상을 보리라.

연꽃 외 1편

류 순 자

내가 가꾸어야 할 이 영토에
비집고 들어온 수초들
그 사이에서 슬그머니 익는 인연
고단하게 자라는 모습
언제 여기 있었던가
가끔 타오르는 나 한번도
풀 수 없었지만
생육을 방해하는 오염이여
나를 혼란스레 하지 마라
척박한 세상 소리 없이 닦으리라
발걸음마다 맹세가 따갑다
외경스러운 그리움의 꽃잎 하나
피어나는 소리가 저리 요란한가
내 앞을 햇살이 괴롭혔어도
몇 개의 소리를 아는 이제
길을 묻는 자의 이정표가 되리라.

모란

다소곳하던 내가
아린 밤 오가는 바람의 잎새에 취했는가
어쩌자고 이 봄
슬픔의 잔치를 준비하는 걸까
바람의 그물에 걸려도
무너진 적 없지만
언뜻언뜻 비친 햇살에
장미보다 더 내밀한 열꽃을 안고 있다
불혹의 봄에 온 비로 생기 내는 것일까
피어나던 그리움은
그대에 기대어 전생의 업을 닦아
웅크려 있던 절망을 풀고 싶은 것일까
버려지지 않는 꿈에 기대어
피워내는 내밀한 아픔
슬픔의 노래로 민감하게 합창하는 손
용기의 가지마다 순정에 여울지다
토해내는 결백한 노래
이제 푸른 기운이 솟는 것인가
오, 오
꽃잎 여는 나는.

행복을 팔아요 외 1편
—4월이네 집

류| 재| 상|

  4월이네 집은요, 세상에서 가장 귀엽고 깜찍해요, 아침마다 새소리로 입술을 살짝 그리고요, 앞 시냇물 졸졸거리는 그 파란 물빛 원피스를 예쁘게 입고 있어요, 앞산, 그 산등성이 날씬한 허리에는요, 지금 아지랑이 그 뜨거운 손길이 한창 불타오르고요, 4월이네 집 기쁨은, 언제나 저쪽에 보이는 눈부신 저 파란 하늘이에요, 4월이네 집 마당은요, 일 년 중에 봄[春]이 가장 시끄러워요, 온통 노랗고 빨갛게 웃통까지 다 벗어젖힌 채, 모두들 자기들만 가장 잘난 척 막 큰 소리로 목청껏 떠들어대는 꽃들뿐이에요, 구석구석 잡초雜草들 끼리끼리 모여 앉아 소곤대다가 막 시시덕거리다가 사춘기 소녀들처럼 킥킥거리다가 또 신나면 함께 파랗게 합창合唱도 하고요, 그런 4월이네 집 강아지는요, 하루 종일 흐드러진 저 아름다운 벚꽃 보고요, 혼자 미소微笑 짓다가 그만 지치면 깜빡 잠들어 저 먼 꿈나라로 가버리곤 해요, 이 꿈결 같은 4월이네 집은요, 지금 한창 꽃피며 뛰노는 저 새파랗게 젊은 행복들이, 알고 보면 모두가 4월이네 집 그 어머니, 저 따뜻한 햇살이 낳아 기른, 참으로 예쁜 아들딸들이에요,

행복을 팔아요
―약간 상처 난 사과

　약간, 상처받은 사과가 알고 보면 사실은 더 달아요, 이것은 세상을 살다 보면 누구나 다 알아요, 하루아침에 까치한테 갑자기 날벼락처럼 쪼였거나, 아니면 날카로운 가지 끝에 우연히 억울하게 긁힌 그 쓰라린 상처가, 오히려 단맛으로 변하는 그 오묘한 진리眞理, 혹시 하느님! 하느님 당신의 사랑도 이런 것 아닌가요? 병病든 우리들의 아픈 상처를 단맛으로 어루만져 주시는, 우리 주인 집 아저씨, 정말 고마워요, 주인 한번 잘 만나면, 상처도 이렇게 꿀맛이 된다는 놀라운 사실을, 이 나라 저 지도자들은 꿈에라도 혹여 알고 계시는지요? 상처받은 우리들은 이제야 겨우 깨달았어요, 쓰라린 아픈 상처를 오히려 소중한 단맛으로 어루만져 주시는, 우리 과수원 집 주인아저씨, 당신이 정녕 살아 계시는 우리들의 하느님이란 것을!

봄의 시신 외 1편
— 영산강 · 13

문 주 환

영산강 포구에는 배들을 볼 수 없다
시대의 농간질로 숨어들어 버렸는지
흐르는 강물 속에서 수초들만 누워 있다

투신하는 배꽃들은 어디론가 흩어지고
혐의는 분명한데 물증이 없는 강물
발자국 구정물들이 아직도 고여 있다

낮달이 숨어 보다 지쳐 있는 포구에는
떠밀려 내려오는 빛바랜 봄의 시신
고분의 벽화 속으로 돛단배는 떠간다.

섬 억새

어디서 어떻게 흘러들어 왔는지
아무도 본 사람도 아는 사람은 없다
언제나 홀로 일어서는 그 눈물 외에는

산벚꽃 지는 봄은 물안개로 피어나고
새의 무리 지나는 쓸쓸한 가을 허공에
몸으로 울어야 하는 가슴은 숨겨 둔 채

사내는 늘 그렇게 그녀의 수심 속을
습관처럼 굳어지는 아랫도리 적시며
파도의 시린 기억을 더듬어 내고 있다.

고향의 설 외 1편

박건웅

1
해마다 설날이 가까워지면
신문 라디오 텔레비전은 온통
귀성길 보도로 바쁘다
오가는 고향 길은 국도건 고속도로건
줄을 이은 차들이
거북이 걸음으로 고생이라지만
고향을 북녘에 둔 실향민에겐
부러운 장면일 뿐이다

2
고향의 설은
겨울 들어 이엉을 새로 얹은
초가지붕이
햇빛에
노랗게 반짝이면
두세 차례 추위가 닥치고
앞 강물이 얼면서
흰눈과 함께 찾아온다

3
설을 하루 이틀 앞둔 날은
솔가지 타는 상큼한 연기 속에

엿 고고 떡 찌는 구수한 내음이
후각을 간질이고
마당에선 장정들 떡메 소리가
떡 쩌억 떡 쩌억—
눈발을 헤쳤다

4
설날 아침
차례를 지내고 나면 어른들은
손들로부터 세배를 받고
세뱃돈에 덕담을 얹어 주었고
아이들은 눈송이 같은 웃음을 날리며
밖으로 달려나갔다

5
올해도 설은 다가오고
사람들은 벌써부터 들뜬 기분인데
북으로 달릴 귀성길은
어느 날에나 트일 건가.

죽절초

식물은 크게
나무 풀로 나누어
이름 부른다는데
너는 나무이면서 이름은
풀이구나

여름날 파란 잎 사이
잔잔한 황록색 꽃
녹음에 가려 자세히
보지 않았는데

겨울 들어
앙상히 가지만 남은 나무들
바람에 떨고 섰는데
푸른 잎새 위
스무 개 안팎이나
뭉쳐 있는 빨간 열매
사랑스럽구나

그러나 한편
꽃 없는 계절이기
홀로 아름다운 자태
왠지 가련해
보이는구나.

난蘭 외 1편

박 경 선

봄이 한아름
겨울이 반틈

골짜기마다
별빛이 애잔하네

시린 다짐 서리에 얼어
소슬한 푸른 밤을

만산滿山 덮은 낙엽 위에
향香으로 살으고파

벗은 나뭇가지마다
새순으로 앉거라

기다림이 앓인 한恨
님이 오는 길

마저 실린 봄눈 털고
난蘭으로 피어났네.

무심無心

바람이 분다
서걱이는 갈대 사이
밀물이 되고 썰물이 되네

외곬으로 흐르네
쏠리는 빛살

참다히 사는 것은?
슬기로이 거두는 것은?

쏟아지는 회한
보탠들 덜한들
하늘에는 하아얀 낮달.

어별다리 외 1편

박│근│모

두만강 푸른 물이 붉은 듯 동티나고
압록강
맑은 물에 보리추위 끼어드니
한 많은 백두산 천지 우려내는 황혼너울

놔먹인 동부레기* 헐벗은 산등성이
아귀 불 몰아치는
칼산지옥 쇠 바람벽
한 갑자 되돌린 세월 깊어 가는 수구초심

먹거리 구하려고 강물에 뛰어들고
볼가심
하려다가 쓰레 맛에 기가 꺾인
애절한 중생의 늪에
놓아 주는 어별다리*.

※동부레기: 뿔이 날 만한 때의 송아지
※어별魚鼈다리: 물고기나 거북 등이 논 상상의 다리

하늘

하늘이
높다지만
그보다 더 높은 게

하늘을 대신하는
하늘 같은 민심인데

하늘을
받든다면서

하늘 위에 오르다니.

여보 외 1편
—아내에게 보내는 시

박│달│재│

여보!
자꾸만 부르고 싶은 당신
사랑만 하기에도 얼마남지 않아
부족한 시간(나이)에
우리 서로 이쁨과 미움, 네 탓과 내 탓
잘잘못을 가리지 맙시다
(늘 미안해요)

여보!
부르기만 해도 설레는 당신
우리의 모든 것을 하늘과 땅(운명)에 맡기고
항상 칭찬하고 늘 사랑하여
서로에게 빛과 그림자로 하나가 되어
꽃[花]으로 눈[雪]으로
정답게 살아갑시다
(항상 사랑해요)

여보!
생각만 해도 행복한 당신
아직은 건강한 우리의 몸과 마음(정신)
그런대로 살아갈 만한 살림살이
성가시지 않은 가족의 평안
이것만으로도 행복 가득하나니

뜨거운 사랑 하나만 '더' 합시다
(참으로 행복해요)

여보! 미안해요! 사랑해요! 행복해요!

인생살이

인생살이 칠십 고개 넘고 보니
만남과 이별 사랑과 미움이
반가움과 설움 웃음과 울음으로
무정한 세월을 미련 없이 보내더라

인생살이 칠십 고개 넘고 보니
있는 것 없는 것 많고 적음이
더하고 빼고 곱하고 나누면
더도 덜도 아닌 영(0)이 되더라

인생살이 칠십 고개 넘고 보니
잘나고 못나고 배우고 못 배운 것
얼씨구절씨구 어울림 한마당엔
너 나 모두가 주연 조연은 없더라

인생살이 칠십 고개 넘고 보니
행복과 불행 기쁨과 슬픔을
잣대 저울 그릇 측정 기준 없이(길이, 무게, 부피)
주먹구구식 제멋대로 판정하더라

인생살이 칠십 고개 넘고 나서 깨달음은
어제가 오늘이고 내일도 오늘 같아
늘 기분 좋은 오늘이기에

바람 구름처럼 가벼운 발길로
인생살이 즐거우면 세월이 동행해 주더라
―허허 나그네.

농부 외 1편

박 대 순

외삼촌이 쟁기질을 하면 그의 떡 벌어진
어깨는 쟁기 손잡이와 밭고랑 사이에
팽팽히 오가는 바람 받는 돛배 같다
외삼촌의 혀 차는 소리에 황소는 긴장을 했다

농사꾼, 그는 흙받이를 달고
끝이 날카롭고 번쩍이는 쟁기 날을 맞춰 넣었다
흙은 부서지지 않고 연신 굴러 넘어갔다
고삐를 한 번씩 힘껏 당기면,

거친 호흡을 몰아쉬며 황소는 돌아서서
다시 밭으로 들어갔다. 외삼촌은 눈을
가늘게 뜨고 비스듬히 땅을 굽어 보고
정확히 밭고랑을 갈아 갔다

나는 삼촌의 검고 낡은 장화 자국 따라
거친 어지럼증을 느낀다
이따금 햇살에 번들거리는 흙 위로 눈빛이 넘어졌다
외삼촌은 지난 추억으로 조금씩 날 무등 태우고
어정어정 오르락내리락 걸어갔다

나는 청년이 되어 쟁기질을 할 것이다
한쪽 눈을 지그시 감고 한 팔로 고삐를 당기는 일

그런데 나는 지금 외삼촌의 큰 그림자를
따라 밭고랑을 이리저리 도는 일이 고작이었다

나는 골칫거리 황소의 거친 울음소리에
가끔 넘어지면서 마냥 주눅이 들었다. 그런데
오늘은 외삼촌이 내 뒤를 따라오며 마냥 흐느적
거리면서 앞으로 가려고 하시지 않는다.

도공

사람들이 어떻다는 걸 옛 도공들은
익히 알고 있었다, 그들은 상처 난 아픔이
차지하는 인간적 위치를 잘 알고
있었다, 다른 사람이 직업이 없거나
친구가 없거나 혹은 맥없이 혼자 있을 때
지독한 외로움이 생겨난다는 걸
흙을 빚는 도공이 경건하게 기적적인 생명의
호흡을 기다리는 동안, 이를 별로
반기지 않고 숲 속 개울에서 물장구치는
아이들이 있다는 걸
도공은 잊지 않고 있었다
무서운 도자기 전쟁도 피할 길 없이
물레질은 여전히 진행된다는 것을
침략자는 개같이 오늘도 살아가고
고문자의 말 한마디는 세월의 나이테가 되고
아픔으로 흉터가 생기는 세상
도공은 분명 요란한 침략자들의 소리를 들었으련만
그에겐 그 소리가 대단한 것이 아니었던 것
푸른 하늘 속으로 사라지는
흰 물거품 같은 세월 속에
목이 긴 새 한 마리 낙하하는 시간
그 광경을 목격하는 도공의 눈빛
어딘지 모를 행선지를 향해 눈을 돌리고 있다.

거미의 지혜 외 1편

박 대 순

사람의 손재주가
우수하다 말하지만

거미들의 재주에
지혜를 따를쏘냐

거미줄
방석 만들어
가지마다 걸어놨네.

사람들의 머릿속
지능이 우수하나

거미는 입과 발로
실을 뽑아 아름답게

이슬을
줄에 꿰어서
방울 방석 만들었네.

코스모스 꽃잎

노오란
가을빛에

고운 빛깔
반짝이면

갈바람
사랑 타고

속삭이며
몰려와서

맴돌며
날아가려는
가을 속에
꽃잎들.

낙엽이 지다 외 1편

박 동 원

나무들의 총선이 붙었나 봅니다

하늘이 시퍼렇게 내다보고 있는데
하늘을 속이는 부정표가 쏟아집니다
참관인도 검표인도 없는 선거전
유효표도 쏟아지고 무효표도 쏟아집니다

여당표도 쏟아지고
야당표도 쏟아지고
무소속표도 쏟아집니다
똥 냄새 풍기는 낙엽이 쏟아집니다

저렇게
하늘이 시퍼렇게 내다보고 있는데

나뭇잎의 선거는 다 떨어지는 걸
미리 알고 찍는

가을이 당선입니다.

최루탄

우리는 그때 최루탄 가스에 중독되어 있었다

베토벤의 5번 교향곡보다도 더 매운 최루탄 가스를 마시고
자동차의 매연 같은 가스는 내 심장부를 한 바퀴 돌고 있었고
나는 숨찬 기관차의 후두처럼 민주 독감을 앓고 있었다

윤이상의 "광주는 영원히"보다 더 매운 통곡이다
소리꾼 임진택의 "오월의 광주"보다 더 매운 가락이다

군사 독재자들의 마지막 비탄의 통곡인 너.

당신께 가는 사랑 외 1편

박래흥

당신께 가는 사랑 영원한 기쁨
당신이 주신 사랑
고향 땅 살구꽃 향기로 모락모락
어둠 밝히는 별빛으로 반짝반짝
감사의 찬송 소리 넘치네

당신을 사랑하면서
말하지 못한 부끄러움
차라리 겨울을 이겨낸
침묵의 백목련 꽃으로 이 세상
온 봄을 웃어라 방실방실

당신께 가는 사랑이
봄 하늘 아지랑이로
숲 속의 안개처럼 사라진다 해도
당신이 주신 사랑 알고 있기에
노을 속에 항상 기도하네

믿음의 문 열어 놓으면,
인생은 죽음 있어 소중하고
사랑은 이별 있어 아름다운데
당신은
나의 영혼 마지막 사랑일까요.

세월이 바다 속으로

진도의 맹골수도 병풍도 화난 파도
세월 속 꿈 많은 꽃봉오리 삼키니
한반도
피울음 바다 대한민국 침몰이다

팽목항 아침 바다 눈 뜨고 볼 수 없어
배중손 칼을 빼고
첨철산이 발 동동
차라리
거꾸로 누워 이 세상을 보아라

생명은 천하보다 아름답고 소중한데
꽃 넋아 슬픈 세월
바다에 빠졌으니
영원히 금수강산에 무궁화로 피어라.

어떤 직립 외 1편

박 명 희

잎, 잎들
울창한 푸름을 꿈꾸는 계절
아파트 옆 개천가 깎아 놓은 수직 돌벽
한 줌의 흙도 보이지 않는 곳에
산딸기 개망초
누워 있는 듯 서 있는 듯
그렇게 열심히 서서
빨갛게 하얗게 꽃 피우고 열매 맺고

힘들면 더 강해질까
서러우면 더 찬란한 꿈이 피어나는지
아무도, 참 잘했어요 해주지 않아도
좋은 토양, 잘생긴 나무보다
먼저
계절을 만들고 있다.

빛의 침묵

왜 그럴까?
길 위에 누워 있는 그 남자는 미동조차 없다
신문지 몇 장 무게 아래 허옇게 내놓은 맨발
그 아득한 침묵의 소리
어제 그 남자는 무엇을 했을까
그에게도 타오르는 불길이나
소용돌이치는 한가운데 깃발을 향해
발자국 하나 남긴 적 있을까
환한 전등 아래서 사랑하는 이들과 따뜻한 밥상을
가져본 적 있을까

체감 온도 영하 20도 지하철 입구 한 귀퉁이에서
그의 이름이 그의 출생이 하나씩 동결되고 있다
찬바람을 일으키며 사람들이 그의 곁을 지나간다

빛은 언제나 밝은 곳에 있다
그리고 밝은 곳은
찾는 사람들에게만 주어진다.

일력 외 1편

박 병 모

통통한 몸매로
일 년 전 너와 나 인연 맺어
거실 문 앞에 자리잡고
오늘이 지나면 내일이 오늘
반복되는 생활 속에 야위어 간다

당신은 몸에 배인 습관으로
오늘도 내 앞에 서서
흐르는 세월의 주름
겹겹이 이고 힘겨워하는 모습
바라만 보고 있다

웃음도 세월도 함께한 세월
눈빛으로 서로 위로할 뿐
축 처진 친구들 보내고
홀로 남아
헤어지려는 두려움에 떨고 있다

돌아본 세월 아쉬움 남기고
가녀린 몸매 **뼈대** 붙잡고
시린 손 호호 불며
눈치 보며 문 밖으로 나가는 당신
저 멀리 종소리 들려온다.

한순간만이라도

소슬바람이 부는 오후
은행 창구 찾은 노인
은행에 가면 돈 냄새가 난다
창구 아가씨는 예쁘다
힘찬 청년처럼 돈 사랑 해봤으면
늙은이의 주책인가
이봐 아가씨
난 오늘 사랑이 필요한데
몇 번 창구에서 대출해 주나
돈은 담보 대출이구요
사랑은 근력이 담보입니다
응 그래 나 아직 젊고
튼튼하고 믿음직해
사랑 대출로 해줘
어쩌지요
사랑의 칠번 창구
벌써 마감되었네요
긴 한숨 날리며
지팡이에 의지한 몸
돌아서는 저 발길
문 밖 노파가 웃으며 손짓한다.

연꽃 외 1편

박 | 병 | 선

해맑은 미소가 그립다
비록 향기는 없지만
진흙 속에서 피어난 탐스러움에
목이 메이고

참한 봉오리마다
저마다의 사연을 담아
긴 볕 그림자
그 자태만으로도 눈물겨운

어여쁘디어여쁜
진정 그립도록 고운
너의 모습이
파란 하늘 거울에 비친 사랑이 곱다.

조팝꽃

세월 끝 마디에 서서
하얗게 부푼 꿈
고운 자태에 그리움이 배어
더욱 아름다운 꽃

팽팽하게 펴놓은
세월 위에 수를 놓으며
하늘을 보고 웃는 꽃

묵묵히 지켜온
인고의 세월
초롱한 눈망울이
파란 하늘에 출렁인다

가난에 허기진 마음
모든 삶을 위로하며
한 많은 사연을 전설로 엮어
층층이 안고 핀 작은 꽃.

국화차 예찬 외 1편

박 상 교

단아하고 따뜻한 찻잔에
국화 몇 송이 넣을라치면
오므렸던 오금을 스르르 풀고
수줍은 듯 피어오르며
씽긋 웃어 준다

마음 비우고
눈 지그시 감으면서
국화차 한입 모금고 있노라면
향긋한 국향菊香이
입 안에서 가슴으로 마음속 깊이 스며든다

이 시간만은
세상사 잡다한 생각 다 잊고
무아지경無我之境에 이르는 것 같구나

초의선사가 남긴 동다송東茶頌에는
이르지 못할지라도
나만이 가지는 이 여유….

내일을 생각하며

내가 가지고 있는 생각들
어느 것은 털어 내고
어떤 것은 담아 갈까
취사선택取捨選擇의 현명한 판단

이것이
사람을 사람답게 사는 요건일진대

취하는 것과 버리는 것
비우는 것과 채우는 것
명료明瞭히 하자

그리하여
오늘을 디딤돌로
내일을 일구어 나가는
더 나은 미래를 맞이하자꾸나.

촘촘한 그물 외 1편

박 수 진

누군가 나를 지켜보고 있다
누군가 내 생각을 다 알고 있다

촘촘하기도 하여라
하늘길에 처 놓은 그물

아득하기도 하여라
하늘로 가는 길.

8월의 크리스마스 선물

입보다 먼저 마음이 웃기를
말과 생각이 다르지 않기를

두려움 없는 사랑의 실천을 위해
오로지 낮은 데로 향하는 발걸음이기를

쓰디쓴 열매를 달게 씹으며
한 줄기 빛을 생각하기를

크게 뜬 눈으로 타인의 아픔을 들여다보고
미워하는 마음을 미워할 줄 알기를

콘클라베 흰 연기의 기쁨으로 찾아와
프란치스코 교황이 우리에게 주고 간 선물

그 웃음, 그 손길, 그 눈빛 별빛 삼아
어둔 여름밤 길을 찾는다.

속죄의 잔 외 1편

박 숙 영

술잔에 떨어지는 눈물 한 방울
안주 삼아 삼켜 본다
알코올 탓인지 눈물 탓인지
가슴에 쓰라림이 먹물처럼 번져 온다

적막 속의 밤은
나를 위한 속죄의 시간인가!
알코올의 영향으로 나의 억압된
이성은 무장을 해제하고
그 누구의 방해도 없이 숨겨 왔던
묵은 감정 다 쏟아내고
깨끗하게 비워 낸다

고통도 아픔도 사라지는
이 시간은 나만의 치유의 시간

온전히 나와 마주하여
내 안의 또 다른 나를 만나 이야기한다
가식의 가면 벗고 그 안의 상처 입은
영혼 어루만져 위로하는 나만의
경건한 의식!
멀리서 아스라이 들리는 새벽 종소리는
여운을 남긴 채 어두움과 함께 멀어져 간다

이렇게 또 하루는 여명과 함께
시작되고 비워 놓은 잔을 채우기 위해
나는 또 시간의 그림자를 쫓는다.

느림의 절정

엉금엉금 거북이가 느릴 것이냐
꾸물꾸물 애벌레가 느릴 것이냐
흐느적흐느적 달팽이가 느릴 것이냐
아무리 걸음이 늦다 한들
자라지 않은 내 마음보다 느릴 것이냐

중요한 건 걸음보다
걸음을 종용하는 마음
걷고 걸으면 언젠가는
목적지에 도달할 것인데
마음의 걸음이 목적을 잃으니
너희들 걸음보다 더 느리구나

최선을 다한 너희들의 걸음 앞에
내 걸음이 한없이 초라해져
넘어가는 붉은 해 뒤로 어리는
긴 그림자를 뒤늦게 쫓아 본다.

남자의 고백 외 1편

박 순 자

날아갈 것만 같아
꺼내어 보일 수 없던
소중하게 간직한 사랑입니다
때로는 그 눈빛에
두근거리는 심장 소리
들킬까 눈을 감았습니다
세울 수 없는 교각
건너가지 못하는 그곳에서
서성일 뿐이었습니다
이렇듯 수많은 설렘
흠뻑 젖어 있을 때
그 사랑을 태워야 했습니다
오름길 내림길 쫓던
밀려들던 가슴앓이
바로 수선화 당신이었습니다.

남자의 눈물

아궁이 불에 매달려
흐르는 밥솥의 눈물을
한번쯤 지켜본 적 있었나요
물거품 끓어오를 때
흐름 따라간 메마른 흔적
그 아픔 보듬어 줄 마음 없었나요
훙정 없는 냉정한 곳
때때로 밟히는 밥풀덩이
당연한 몫이라고 생각했나요
텅 비워낸 자존의 그릇
늦은 밤 절망의 몸부림
촉촉한 가슴으로 안아 주었나요
입맛대로 담을 수 없는
울타리 안에 선 채
눈물은 가슴속에 살아 있습니다.

동행同行 외 1편

박연희

내 삶에 당신을 만나
오랜 세월 거슬러 온 것처럼
당신 앞에 서 있다는 것
하늘이 맺어 준 인연입니다

많은 사람 중에
우리가 만난 것은
잔잔한 마음 전하며 살아도
후회가 적을 인연입니다

멀게만 느꼈던 지난 시간
당신을 사랑할 수 있어
가슴 시리게 안기는 지금
이 순간, 그대로 기억하며.

작은 행복

창 너머 보이는 높은 산은
오늘도 변함없이 위안되어
다른 풍경으로 마주하고
정다운 안부로 나를 유혹한다

고요한 어둠이 걷히고 나면
도로 위의 자동차들
부지런히 미끄러지며
어디로들 달려가나

오늘은 어떤 일이 내게 맡겨질까?
잡다한 생각에 분주한 아침
향 짙은 한 잔의 커피라도
행복한 마음이라네

기상 이변 외 1편

朴│英│淑│

"세상에나. 우째 이런 일이!"

늦봄에 코스모스 만발하더니
과수원 누런 배나무에도
하얀 배꽃이 화들짝 피었다는데
이건 분명히 절기 다스리던
바람난 전령사 직무유기 일탈이다

오곡이 영그는 풍요로운 들녘에
게릴라 폭풍우 쏟아 붓더니
여문 나락에서 싹이 돋았다는데
이건 분명히 풍우 다스리던
전령사의 직무유기 폭력행위다

세상이 광기로 날뛰는 걸 보니
지구가 거꾸로 돌고 있음인데
천지를 다스리던
창조주께서 여행 중에 계심인지
이건 분명히 창조주의 직무유기다.

낮은 곳에 종소리

쩔그렁 쩔그렁
빈 깡통 흔들리는 소리

꼬르륵 꼬르륵
배꼽 종 울리는 소리

쿵쿵 억장 무너지는 소리

뚜우―욱 뚝
풋과일 떨어지는 소리

사그락 사그락
추풍에 낙엽 구르는 소리

졸졸 쏴―아
개울물 폭포 절규 소리

당신도
이 울림 소리 들리시나요.

단풍 길 외 1편

박 | 영 | 숙

유난히 예쁘게 단풍 든 길
단풍 길은 내 마음에 무지개
낙엽이 펄펄 날리면
마음속에 묻어 논 정한情恨 다시 살아난다
바람에 나부끼는 빨간 단풍같이
고독을 밟으며 외로움을 달랜다

날아오는 낙엽은 가슴에 안겨
무지개 같이 곱게 곱게 방긋거리는 속삭임
무르익던 정염情炎 다시 꿈틀대게 한다
그러나
가을은 가을은 애수哀愁의 계절
정염情炎은 하얀 구름 되어
한없이 한없이 흘러만 간다.

먼저 간 연이
—겨울

뜰 안 소복이 쌓인 눈
연이가 두고 간 겨울인데
다시 찾아와
가슴에 묻어 논 애민愛憫
서럽도록 외로운 그리움에 쌓여
네가 간 길을 넋 놓고 바라보았다

하얀 눈꽃
마른 나뭇가지에 송알송알 피어나는
함박눈이
바람에 나부끼며 내린다
나목裸木 가지에 피어나는
너의 미소 같은 눈꽃

보고파 보고파서
네가 간 길을 미친 듯이 달렸다
연아 보고 싶다.

해운대에서

박 일 소

폭우가 쏟아지던 어느 해
해운대 바닷가에서
백사장으로 물결이 밀려오던 날
멸치를 잡으며 즐겁게 뛰어놀던 네 모습 그리며
모래밭에 앉아 있다

너와 앉았던 그 자리에
담배 한 대 불 피워 백사장에 꽂아 두고
술 한잔 따라 모래 위에 부워 놓고
눈물 안주하며
너를 불러 본다

철썩이는 파도 소리가 지우고 가도
목메게 불러 본다
보고 싶어 보고 싶어서
심장이 터질 것 같다고
애타게 불러 본다

절절히 무너져 내리는 가슴
가슴 깊은 곳에서
부서져 내려 파도가 되는
네 외자 이름
김 종.

받지 않는 전화

떨리는 손으로 아무리 전화를 해도
너는 대답이 없고
텅빈 거리에서
나 혼자 갈 길을 잃어 헤매고 있다

너와 함께 했던 나날들이
아픔으로 가슴을 치고 있어
울음이 나도 참고 참으며
받지 않는 전화를 오늘도 걸었다

너 하늘로 가기 이전 그 시간으로
멈춰 버린 시간이었음 싶다고
간절한 바람으로
오늘도 받지 않는 전화를 걸었다.

목련 · 2 외 1편

박 | 정 | 민

땅속 깊이 내린 뿌리 거두어들이는 시간
모퉁이 돌아가는 바람 아스라이 멀어지는
세상 참 쓸쓸한 날이네요
마지막 이승잠 자던
새들 날아오르면
목련이 우루루루 군무를 춥니다
이 모진 봄
또
올
까
요
어
머
니.

꿈꾸는 응급실

며칠째 바람 불어 어린 다리 아픕니다
은사시나무 같은 뿌리가 아픕니다

  아비의 술심부름 다녀오는 길
  깜깜한 도깨비 하나 따라붙습니다
  고개 흔들다 쏟아 버린 막걸리 냄새에
  고주망태 귀신도 따라옵니다
  아비에게 가는 길은 아득하기만 합니다

  늙은 아비는
  집 앞을 꾸물꾸물 기어가는 개울에
  튼실한 다리 내리고
  통통하게 살 오른 통발을 건져 올립니다
  어린 딸의 한쪽 다리에서
  은사시나무의 뽀얀 다리가 푸드득 흔들립니다

링거의 긴 터널을 타고 맥없이 흐르는 양수에
오늘 또 하루 한 줄의 혈맥이 무너지고 숨이 무너지고
아비의 심부름은 아직 끝내지 못했습니다.

뜸북새 울던 고향 외 1편

박 종 문

호숫가 버드나무
바람결에 하늘하늘
늘어진 파란 잎 물장구치면
뜬 구름 호수에 담아 놓고
잊혀졌던 소박한 고향 생각
하염없이 옛 생각에 잠기고

맑고 푸른 조개구름
은빛 물결 위에 아롱아롱
덧없이 멀어졌던 고향 생각
가까이 가슴속에 다가와
개천에서 가재 잡던 옛 친구
징검다리 뛰어넘고

저녁노을 서산을
서강에 물들여 잠겨 놓고
그 옛날 송아지 콩밭에 뛰어
엄마 아빠 부르면
벌판 넘어 메아리 소리에
뜸북새 울었던 고향 땅 그리웁구나.

소박했던 꿈

녹음이 우거진 계곡
산새가 날아와 잠자고
바위 틈에 부서져 우는
메아리 소리가 나뭇잎 흔들어
깊은 밤 설레이고
밤새워 이루지 못한 꿈
흐르는 여울목에서
엉클어진 세상사 공든 탑에 쌓아 놓고
잊혀진 세월 구슬에 꿰어
굽이돌아 흘러가면
정답게 손잡고 웃으며
푸른 숲 맑은 호수에 낚싯대 꽂아 놓고
구름 속에 한 마음 띄워 놓아
넓은 초원에서 뒹굴고
푸른 바다에 조각배 띄워
소박했던 꿈 노을 속에서
산수화 그려 놓고
계곡 아래 산울림 소리 부르며
님과 함께 단꿈을 꾸고
새소리와 물소리 들으며
희망의 꿈을 꾸며 살아가리라.

고추잠자리 외 1편

박 | 준 | 상

그리움으로 날아가는
고추잠자리
빨간 산호초 되어
아름답게 푸른 바다 간다

그처럼 고운 마음
그처럼 밝은 미소
반짝이며 하얀 하늘가는
너를 그리움으로 안아 본다.

해바라기

여름밤에
아름다운 침묵이 잠긴
푸른 바다 가고 싶다

당신이
내 곁에 없었다면
얼마나
고독했을까
생각만 하여도 외로워진다

여름 햇살에
핀
해바라기
사이로
소나기 내린다.

가을 수채화 외 1편
—단풍

박 찬 홍

빨강 파랑 노랑 주황
진한 물감 듬뿍 찍어

일필휘지 내갈기니
아름다운 수채활세

세상은
한 폭의 그림
조물주의 조화여.

행복

내 발로 길을 걸어
희망봉을 찾아가고

내 손으로 내 얼굴을
매만지며 산다는 것

그것이
인생 최고의
명품 행복 아닐까.

※ 휠체어에 의지하고 있는 김 교수의 병문안을 다녀오며

유니섹스 시리즈 · 1 외 1편

박 | 창 | 영

전철을 타고 있으니
세 여자가 똑같이
발그레한 캐주얼에 청바지 입고

똑같은 안경에
단아하게 채색된
운동화를 신고 바로 맞은편에 앉았다

두 여자는
하늘거리는 머리에
센티한 모자를 쓰고
샛별 같은 귀걸이와 아이보리 귀걸이를 했다

그런데
그들은 코 밑에 수염을 깎아
파르스름한 빛이 감돌은 유니섹스.

유니섹스 시리즈·2

한 여자는
곱상한 얼굴에
바가지 머리와 핑크색 귀걸이를 했고

조신한 몸에
오순도순 이야기 나누는
낭랑한 목소리는
천생 여자인데 가슴이 절벽인 유니섹스

세월이
수십 성상이 더 흘러 격세지감이지만
Y세대들이 갈구하는
낭만적인 미적 표현이 요란하지 않고

고상하고
감칠맛 나게 표출시켜
젊음을 자유분방하게
구가하는 모습이 상큼했다.

채낚기 어선 기적의 불빛 외 1편

박│현│조

2014년 4월 봄을 품은 바다에서 기적의 불빛을 보았습니다
그들은 바다를 떠난 것이 아닙니다
그들은 영원히 하늘에서 숨쉬고 떠오르는 태양처럼 바다에서 살아날 것입니다 오천만 사랑의 불빛을 보았습니다
오천만 눈물의 꽃다발을 보았습니다 그들은 같이 울고, 그들은 같이 아파했습니다
세월호에 몸을 실은 사람들, 우리의 어머니, 아버지, 우리의 딸, 아들들입니다
2014년 4월, 봄을 품은 바다, 잃어버린 봄을 찾으러 갑니다
베드로의 채낚기 어선을 앞에 세우고, 하늘에는 조명탄을 걸어 놓고,
진도 앞바다의 생명의 꽃을 찾으러 갑니다
해변으로 달려와 부서지며 아프게 흐느끼는 어머니, 아버지, 어린 딸과 아들들, 가슴에 묻은 피눈물을 쓸어안으며
봄을 찾으러 갑니다 그날, 그 아침, 수백 명의 생명의 꽃을 실은
세월호가 바다의 품에 안겼다는 뉴스 특보가 흘러나오던 날
벼랑 끝에서 기다리던 사람들, 떠나려던 사람들, 홀로 서려는 사람들,
모두의 시간이 멈추어 서서 그 밤에, 8시 57분, 9시 종합뉴스가 나올 때까지
눈을 감고 로사리오 기도를 바칩니다 아~아, 사나운 바닷바람에 찌들은

모진 세월 모두를 짊어지고 떠나시는 임이여, 우리도 같이 몸을 실은 승선자입니다
　차마 보낼 수 없는 길을 떠나시는 임이여, 그대들은 아주 떠난 것이 아닙니다
　아침 해가 바다 위로 솟아오르면 그대들의 얼굴이오
　저녁달이 밤하늘에 떠오르면 그대들의 눈빛입니다
　봄이면 봄꽃처럼, 여름이면 분꽃처럼, 가을이면 불꽃처럼,
　겨울이면 눈꽃처럼, 찾아오는 임이여! 그대들이 어머니 품에 고이 잠들 때까지
　우리는 이제 영원히, 아침 해가 환하게 솟아오르는 바다를,
　저녁달이 떠오르는 하늘을, 바라볼 것입니다.

기다리는 것도 죄입니까

  나는, 사랑하는 당신을 기다린 죄밖에 없습니다
  육십 년이 넘도록 기다린 죄밖에 없습니다
  어찌하여 당신은 나의 머리를, 나의 가슴을, 나의 온몸을,
  일어나지 못하도록 흙으로, 흙으로 몰고 가십니까
  흙 속에 갇혔다가 이른 봄이면 복수초처럼 노란 얼굴을 내밀고
  또, 다시 당신을 기다립니다
  내가 기다리는 것은 나보다 먼저 어머니, 아버지의 꿈, 꿈이었습니다
  그렇게 큰 대망이 아니면서 이루기 어려운 꿈, 꿈이었습니다
  부모자식 간의 만남, 혈육 간의 입맞춤, 지척에서 얼어붙은
  한 치의 혀를 내밀어 한 치의 입술을 떼어 놓는 것이
  그렇게, 그렇게, 이루기 어려운 꿈, 꿈이었습니다
  부모 자식 간의 얼어붙은 혈육의 정이 봄바람을 타고 디엠지를 넘고 있습니다
  미사일은 연신 바다의 물고기를 울리는데 나는 북에 간 아버지 가족을 기다립니다
  기다리는 것도 죄입니까 어머니는 기다리다, 기다리다가, 쓴 약을 마시며
  처참한 고통을 흙으로 묻었습니다
  기다리다, 기다리다가, 죽은 영혼을 위해 진혼제를 올리는 산과 들, 해마다 봄이면
  이 산, 저 산에서, 기다리다, 기다리다가, 죽은 영혼을 달래기

위해 눈시울을 붉히는 진달래,

　피를 토하는 동백꽃, 목이 쉬도록 산천초목을 울리는 붉은 머리 피리새, 뻐꾸기 울어대는 여름이 오면 나는 죽겠네, 어머니, 아버지, 생전에 기다리며 울어대던 뻐꾸기,

　뻴기 밭에 뻐꾸기는 혈육 간의 아픔을 안다 그러기에 해마다 뻴기 꽃은 하늘을 난다

　기다리다, 기다리다가, 죽은 영혼의 재를 하늘에 날린 뻴기 꽃, 그렇게, 그렇게,

　뻴기 꽃은 도포를 흔들며 미친 듯이 춤사위를 벌인다.

행복이란 외 1편

박 황 춘

행복이란
단순한 것을
왜 그렇게 행복해지려고
아등바등거렸을까?
말 한마디, 미소 하나에
행복할 수 있는데
왜 그렇게
행복하려고만 했을까
항상 옆에서 기다리는 걸
왜 알지 못하고
멀리서만 찾으려 노력한 걸까
이젠 애쓰지 않으리라
행복은
바로 내 앞에 있으니까.

기다리는 봄

한풍이 휩쓸고 간 자리에도
파릇파릇 새싹이 돋듯이
내 마음 삭풍에 휩쓸려
어지러이 흩어졌어도
아물아물 소록소록
어느새 싹이 돋아
누군가를 마음에 담을
누군가를 가슴에 담을
준비가 되었다
이젠 내 마음에도
따듯한 봄날이 찾아오는 걸까?
그 따스했던 봄이 그리워진다
그 따스했던 봄이 기다려진다.

바보 같은 우리 외 1편

배길수

평생을 채워도
만족 없는 우리
가지고 또 가져도
그 욕망 끝이 없네
끝없는 욕망 때문에
얼마나 많은 상처를 주고
눈물 흘리게 하였는가
아무것도 없이
돌아갈 바보 같은 우리
배불리 먹어도
돌아서면 배고픈 우리
죽을 때까지
끝없는 욕망 때문에
상처만 주고 가는
바보 같은 우리.

그곳에 가고 싶네

날 새면 맑은 공기로
가슴 확 트이는
흐르는 냇물은 속삭이며
산새 노래하는
수풀은 시선을 끌고
청정한 진실만이
꽉 차
때묻지 않은
자연과 함께
조금도 어색하지 않은
자연 그대로
계절마다 온갖
야생화의 아름다움
마음을 붙들고
대립과 반목
어두운 양심의 그늘도
스트레스도 잠든
그곳에 살고 싶네.

하오의 월포바다 외 1편

배 동 현

5월의 월포장
고기 익는 비릿한 냄새에
파도는 종일 칭얼대고

스무 해 푸릇한
싱그런 처녀
통통 불은 젖가슴엔
붉은 동백꽃이
하늬바람으로 피어난다

5일장 월포 난전 어귀에
구수한 정담 몸에 밴
바다 닮은 아낙들의
억센 사투리가 정겹고

해장술에 취한
통통배가
한낮을 졸다 간 하오에

해녀들의 자맥질 따라
고동의 휘파람 소리
끊어질 듯 이어 오고.

춘념

힐끗 쳐다만 봐도
임이야 임일세라
복사꽃의 상춘이라

꽃향에 취해 일어서는
뜨거운 이 정념을
매듭매듭 풀어헤쳐
가슴마다 가득 채우고

두고두고 퍼내어
임 가슴에 뿌리리다
흠뻑 젖도록 뿌리리다

매화꽃 피면 봄이라던
시인들의 마음 담아
가진 것은 없어도
언제나 훙근한 내 마음.

소나기 외 1편

배석술

팔월의
불기둥을 식히는
소나기가 수선스레 내린다

그 여름날
안개꽃 향기를
가슴으로 나누던 사람

다둑다둑
쌓아 둔 그리움이
소나기 빗소리에 열리고

지나쳐 버린
무심의 바다에 빠져 버린
회억의 저편으로

소나기 울음 잠긴
그림자 없는
바람꽃 그리움이 부풀어

오늘도
낯선 길 끝까지
피어오르는

그 사람의 훈향을 향한
끝없는
연민과 외로움의 갈구….

그쳐 버린 소나기처럼

내 죽어지면 멈출까?

작은 화단

가게 앞
몇 개의 화분으로
가꾼 작은 화단

물을 주고
가꾼 시간들이 익어
꽃을 피웠네

하늘빛
사랑의 암호가
고운 그림물감을 풀어

분홍빛
베고니아
꽃잎을 피우는 여름

플라타너스
가로수 그늘 새로

잠들 수 없는
많은 날들의
시간들이 허공을 가르듯

나를 아프게 한
작은 바람들과 구겨진 삶이
떠밀려 오는
적막한 외로움 한가운데

한 송이 꽃잎으로
내 마음속 뒤채이는

저승의 울음 잠긴
허망함이나 잠재워 볼까.

홍어 외 1편
―영산포 홍어의 거리에서

백국호

썩을 대로 썩어서 풍기는 악취
톡 쏘는 아내에게 풀죽은 남자들이
톡 쏘는 홍어를 만나러
슬슬 몰려든다

내일 밤은 저 술상에서 주거니 받거니 하는
홍어회가 되어
비틀거려 보고 싶다

누군가의 젓가락에서 창부타령을 들으며
얼큰한 춤판을 벌이고 싶다
풀죽은 나도 톡 쏘는 하룻밤을 살아 보고 싶다
저 홍어처럼.

다문화사랑

무궁화만 피는 줄 알았던 동산에
나팔꽃 채송화
코스모스 해바라기가 핀다
오래전에 먼 길을 걸어와
날마다 나를 안아주는 꽃들

그들이 바다를 건너오지 않았다면
내 뜨락에서는
오늘 누가 나를 불러줄 것인가
나는 누구와 차 한 잔을 나눌 것인가

봉숭아, 나팔꽃처럼
삼천리강산의 꽃이 되겠다고 온
내 이웃에 뿌리내린 그들
우리 모두 손을 내밀어 주자
탐스러운 열매를 맺도록.

쑥부쟁이 꽃 외 1편

백 규 현

목멘 세월 속에
그리운 사람 가슴에 품고
유년의 순박한 빛깔로 피어나
건드리면 눈물이 될
첫사랑의 아픔을 감추고 있다

마음속으로만 안아보던 그리움이
흔들리는 세월의 별빛 속에
저 하나뿐인 사랑을 노래하면
송이마다 창문을 열고 있다

몸 하나가 하늘이고 땅인 사람
또 한 해 묵은 그 아픔으로
숨어 있던 오솔길에
언젠가의 약속처럼 피어 있다.

어느 가을날에

아무런 약속도 없는 아침
그날의 아픈 기억 속에서
혼자 가슴속에 키워 온 사랑이
왔던 길을 되돌아가고 있다

지금 피어 있는 들꽃이
그때 피어 있던 꽃들이 아니듯
부는 바람도 그 바람이 아닌데
그때와 똑같은 기억을 끌고 와
자꾸 내 이름을 부르고 있다

먼 거리에서도 금방 알아보고
가슴 일렁이던 어느 여름날
빈 산이 우는 소리를 함께 들으며
착각의 숲에서 만난 인연

두견새 목이 쉬어 울음 그친
떠나온 길에 대한 그리움이
바람도 잠든 한밤에 눈을 뜨면
수신인 없는 편지를 쓰고 있다.

피서지에서 외 1편

서영범

살아온 세월 부르는 노래
마음 끝에 흐르는 눈물
해거름 모퉁이에서
그리움으로 되살아난다

노송老松 그늘에 앉아
술잔을 기울이면서
향수鄕愁를 음미한다

삶에 세월 회고하며
보낸 흔적 서글퍼 웃고
흐르는 세월 보내는 아픔
안타까운 이 마음 그 심정心情.

계절의 왕 가을

봄은 여름을 낳고
여름은 가을을 익혀
짙붉은 단풍을 만든다

푸른 하늘에
흰 구름 날리고
황홀하고 찬란하게
물드는 가을

우리들 마음에도
오색찬란하게 물결치고
깊어 가는 가을 애착은 크다

계곡 맑은 물가 흐르는 물에
발 담그고 둘러앉아 옛이야기
술잔을 나누며 지혜를 살찌운다.

숲, 아카시아꽃 지다 외 1편

선 중 관

숲 속 오솔길에
하얗게 쌓인 아카시아꽃

산들바람에 꽃 이파리
눈처럼 날리는
지금은 오월 하순

세상 모든 흰 빛을 모아
눈부시게 뿌리더니
이제 산울가엔 녹음만 짙어 가고
봄은 이렇게
또
가고 있는 게지

하얀 꽃 매혹적인 향기
그대 감촉 다시 느끼려면
이제 일 년을 기다려야 하나
아쉬운 마음 달래며 산을 내릴 때
서녘의 붉은 저녁노을
짙푸른 산허리를 삼키고 있네.

숲, 밤꽃 지다

그렇게 요란하게
온 산을 뒤덮던 밤꽃 냄새
발정 난 생식기처럼 당당하던 꽃대가
이제는 힘없이 축축
고개 떨군 지금은 유월 하순

밤나무 숲에서 도란도란
사랑을 나누던 한 쌍의 연인이 떠나가고
산 나그네도 무심히 지나는 밤나무 숲
늙은 청설모 한 마리만
여름 뙤약볕에 영글어 갈 알밤을 기다리고 있다

그래
시들어 간다는 것이 꼭 슬픈 일만은 아니다
고개 숙였다고 부끄러워할 일도 아니다
꽃이 시드는 것도 자연의 순리이니
제 할 일 다 한 저 나무에 열매가 맺히지 않겠는가

계절이 빠르게 지나는 숲
힘없이 처진 밤꽃이
투둑 투두둑 떨어지는 오솔길
아직은 조금 남아 있는 밤꽃 냄새를 맡으며
살아온 지난날을 더듬어 본다.

바람 외 1편

설 복 도

바람이 없는 날은 산으로 가자
솔잎 사이사이 잘 빗질된 바람은
송글송글 이마에 맺힌 땀 씻어 주지요

바람이 없는 날은 바다로 가자
물 무늬 사이사이 숨어 사는 바람은
한 올 한 올 머리카락 일으켜 세워요

바람이 없는 날은 들로 나가자
풀잎 사이사이 잠자던 바람은
달리는 가슴, 가슴마다 안겨 오지요.

물의 여행 · 3

둥둥 날개옷 입었을 땐 신이 났지
제일 높은 곳에서
어지럽도록 미끄럼을 타다가
낮은 곳으로만 가야 하는
숙명임을 알았지

산골 마을 뱅글 돌아
좁은 계곡을 지나서
이제 세상 구경 나선다

헤어지는 길목
수천 수만으로 저마다 가는 길은 달라도
온갖 더러움과 어두운 곳 밝게 해주고

우리들 세상
드넓은 바다에서
다시 하나가 되는 기쁨을 누리며
바람과 만나 하이얀
세상 이야기 보 끌러 놓지.

매미 외 1편

성 진 명

여름이면
밤나무에서 등구나무에서
뽕나무에서 여기저기서
매미 소리 요란도 하다

지하에서 살아온
칠 년여의 세월이 하 원통하여
세상에 대고
악다구니를 퍼붓는 것인지
짧은 생애 종족번식을 위한
수컷의 생존본능인지

언제부턴가
귓속에 매미가 들어앉았다
달팽이만 있는 줄 알았는데
노래를 하기도 하고
악다구니를 치기도 한다

매미란 놈들은 여름에
노래를 하는데
귓속에 든 매미는 철부지다
한여름 오수를 즐기려는데
매미의 악다구니에 잠들 수 없다

선명蟬鳴인지
이명耳鳴인지
세명世鳴인지 귓속을 후벼 댄다.

옥수수

댕기머리 총각 하나
들병이의
노르거뭇한 머리끄댕이를
하늘로 향하고
원뿔 모양의 초록색 옷을
벗겨낸다

천의무봉으로 지은
초록치마 세 겹을 벗겨내니
하이얀 몸빼 속옷이 드러난다

앙탈을 하지도 않는데
마음이 급하여
하얀 속고쟁이를 벗기다 보니
부욱 북 찢어지고
하얀 속옷
하나, 둘, 셋, 넷, 다섯을
홀라당 벗기고 보니
큰 애기가 아니라
백발 미녀가
가지런한 이를 드러내 놓고 배시시 웃는다

속았다?
그래도 웃는 네가 밉지는 않다.

산은 봄을 만나 외 1편

성 | 환 | 조

따스한 동남풍 타고 봄은 왔다
기다렸던 봄이다
산은 얼마나 봄을 생각하는지 모른다
봄도 믿음직한 산을 생각하기에 호감을 느낀다

산은 겨울 동안 춥게 지내다
봄을 만나 청산이 되었으니

어린 새싹들 돋아 푸르게 자라서
봄날이 무르익으면
사랑스러운 봄꽃은 피어서 봄향기 널어놓고

산은 푸르게 짙어 가는 봄날을
붙잡아 놓는다

이제 봄은
봄날이 저물어질 때까지 산을 떠나지 않아
푸른 잎 더 푸르게 봄비가 오네
봄바람 따라
멀리 간 산새들도 나무 숲에 날아와 즐겁게
지저귀는데

산은 찾아온 봄을 반긴다
봄도 산을 한없이 반가워하고 있다.

멍청이 같은 세월

날 새면 날마다
처마 밑 뜨락에 기대 앉아
스치는 바람소리 귀 기울인다

갈 곳도 없는
항상 그 자리 맴암돌다
딱딱한 의자에서 희미한 시간으로만
벗을 삼아
오늘을 살아간다

지난 세월은 기억에서 떠나
세월 따라 기억도 지워져 가는
순간의 빠른 순간들
돌아보면 흥미롭던 순간들도 많았는데

지금은 이대로
멍청이도 아닌 멍청이 같은 세월은
딱딱한 의자에 앉아 말을 건네는 사람들의
말 대답 대신 손을 흔들며 고개만 끄덕

구름 낀 궂은날은
불편한 속마음 드러내지 못하고
여기까지 아무렇지도 않다는 듯 견디며

지내왔던 세월

저녁 무렵이면 뉘엿뉘엿 해 지는 먼 산만
바라보고 있다.

희망찬 밝은 내일 외 1편

손 병 기

두 주먹 불끈 쥐고 세상에 태어났다
고고의 울음소리 앞날은 창창한데
어버이 사랑 속에서 옹골지게 자란다.

사람이 서로 만나 즐겁게 살다 보면
날마다 좋은 일이 해마다 기쁜 일이
집안에 가득 쌓여서 웃음꽃도 절로 핀다.

지난 날 이랑마다 씨 뿌려 가꾼 보람에
알알이 익은 열매 오늘에 바라보며
흘러간 인고의 세월 추억으로 맞는다.

흐르는 시간 따라 햇살이 행운 되어
서로 돕고 나누면서 함께 하는 마음 길러
희망찬 밝은 내일을 웃으면서 가꾼다.

살맛 나게 살아 보자

스스로 품은 꿈은 희망과 이상이요
자라면서 키운 꿈은 인생의 목표이니
내일을 준비하면서 삶의 지혜 심는다.

티없이 밝고 맑은 참신한 꿈나무여
힘차게 달려 보자 신나게 날아 보자
미래는 우리의 시대 기쁨으로 맞는다.

새로운 지식으로 과학을 창조하고
열정과 도전으로 무한한 가능을 찾아
다양한 풍요의 삶을 행복하게 꾸민다.

겸손과 교양으로 이룩한 협동사회
날개 단 상생의 물결 우리가 앞서가며
더불어 잘사는 나라 살맛 나게 가꾼다.

나목 외 1편

손｜수｜여

어느덧
푸르름으로부터
자유로울 수 있는,

그냥
모든 것을
내려놓은,

열반에 드시기 전
해탈한 채
서 있는,

해서
큰 스님 같은
저 나무 겨울나무.

반추 · 2
―아내 잔소리

그녀 잔소리는 끝이 없다
들어도
들어도

까도
까도 끝이 없고
맵고 매운 아린 맛이다

아낸 양판가 봐
벗길수록 더 뽀얀 속살로
희게 웃는, 갈수록
단맛 나는 여자

몸에 좋다는 보약인가 봐!
쓰고 또 쓰고※
채우고 또 채워도
넘치는 마음.

※ '고苦, 용用, 서書'의 다의적 의미로 포괄한 말

아들의 꿈 외 1편

손 순 자

사진 속의 아들이 웃고 있다
날마다 골목대장 친구들과 전쟁놀이에서
오늘은 승리한 것일까
장난감 총을 들고 배시시 웃고 있던 어린 아들

전곡의 언덕배기 좁다란 골목 끝
하사관 주택 단칸방에 세 들어 살던 그때
집주인 할아버지 군복 입은 모습이 멋지다며
아들의 꿈은 커서 나라를 지키는
씩씩한 군인 아저씨가 되는 것이었다

어느덧 자라 빨간 명찰 가슴에 달고
새벽 점호에 연병장을 향해 우렁찬 모습으로
유격 훈련, 화생방 훈련, 천자봉 행진 모두 죽도록 힘들지만
뜨거운 전우애로 서로의 고단함 어루만지며
군번줄 목에 걸고 잠드는 군인이 되었다

돌아갈 집, 행복한 가족 모습 떠올리며
마음을 지켜주는 든든한 방패 삼아
목청 높여 전역하는 그날에는
속 깊은 어른이 되어
또 다른 새로운 꿈을 꾸길 바란다

아들아!
너의 꿈을 이루었구나.

빈집

온기 없는 집 어딘가에 둥지 틀었는지
고양이들 제집처럼 드나드는 샛골길

땅 주인이 바뀌었다는 소문 들리더니
파란 양철 지붕이 흔들리고
흙벽에 기댄 채 간신히 버티던
슬레이트도 떨어져 나갔다
치매가 의심되기 전만 해도
동사무소 소식지며 재활용 봉투
나눠 주시던 키 작은 반장님
어느 날부터 그 모습 보이지 않았다

집주인 없어도 홀로 꽃 피우고
토실한 밤송이 키워 내던 나무 한 그루
찾아오는 발길 뜸해지자
윤기도, 향기도 없다
자랑처럼 흙벽 중심에 버티고 있던 문패마저
집주인과 마지막 인사 나누지 못하고
빈집과도 작별하는 날
이름 하나 마음에 새겨 놓고 흙으로 돌아가리라.

어머님의 품속 외 1편

손 | 진 | 명

그대 이름은 어머님
당신은 영원한 내 고향입니다

아직도 당신의 가슴을 더듬고 싶은
어린 마음입니다. 생명의 젖줄이 흐르고
잠 꽃을 피우던 포근한 당신의 가슴속
그곳은 나의 영원한 고향입니다

아내의 가슴속에서 당신을 찾아도
아내는 아내일 뿐,
당신의 포근한 가슴은 아니었습니다

나는 행복합니다
세월이 서녘의 햇가에 서서도 아직두
당신을 찾고 싶은 어린 마음입니다

나는 참 행복합니다
때로는 보채기도, 때로는 투정을 부려도
받아 주시는 당신이 있기에

밭고랑에 앉아 젖을 먹이시던 어머님
당신은 내 영원한 고향이요, 그리움입니다

고생의 끝자리에서 늘 헤매시던 아버지
당신은 나래 잃은 외로운 새입니까,
기억의 미로迷路에 뜬 은은한 달빛 같은,

나도 훗날 아이들에게 당신처럼
미로의 달빛으로 비추어질까요
아버지란 그 이름 때문에.

망향望鄕

창가에 비치는 이 달빛은
오늘밤 고향 집 창가에도
혼자 서성이다 돌아가겠네

녹슨 세월에 앙상한
뼈대만 남은 삽짝은
빈집에 망부석같이
서 있겠다

꿈마다 찾아오는 네 그리움
잠시도 잊을 수 없구나,

늙음이 고향이던가
평생을 객지에 살았어도
타향은 타향이네

세월이 깊어 갈수록
더 푸르게 생각나는
너의 그리움

불러도 아무리 불러도
싫지 않은
그대 이름은 고향

어머님 젖 내음이 흐르고
송아지 찾는 어미 소 울음소리
산골짝마다 들여오는 그곳

수구초심首丘初心으로
우리 한번 돌아봄이 어떨꼬.

묵주반지 외 1편

손 희 락

햇살 좋아 눈부신 날
향기 내뿜는 백합꽃 여인
동그란 반지 끼고 평화롭게 웃고 있네

올록볼록, 교만, 겸손의 강 헤엄치며
삼가 조심, 탐욕, 절제의 경계 오가며
농도 짙은 눈물 꽤나 쏟았는지
눈동자, 참 해맑다

값비싼 다이아, 진주도 아니거늘
한 여인의 믿음, 사랑에 대하여
많은 이야기 들려주고 있다.

소유관所有觀

아버님,
당신을 뵙고 싶어
청량산 묘지에 홀로 갔지요

산 위 나무 숲,
산 아래 계곡 사이
구석구석 살펴보았지요

세상 것
손에 쥐고 누운 영혼
아무도 없데요

부귀영화, 임시 소유라면
가져갈 수 없는 것 때문에
울고, 웃지 않으렵니다

영원한 소유,
영혼의 성화를 위하여
지혜롭게 몸부림치렵니다.

낙산사 외 1편

신 길 수

애환의 산사가 수려한 옷 갈아입고
초췌한 행색으로 바람기둥 기대섰다
올라선 무대 위에서 새 단장이 허전하다

스산한 저 바람은 빈 뜰을 쓸어대고
역사를 갈아입은 종각에 스치는 단상
미륵이 오는 길목인가 길안내를 서둘러라.

봄이 왔네

수양버들 꺾어서 피리라도 불어 볼까
바람의 끝자락에 풀피리 저리 울고
한동안 잊고 산 시절
속절없이 돋더라

환한 새싹 돋아나서 꽃보다 아름답고
산 능선 물가에서 물안개 춤을 추면
그리운 그 옛날이사
보고지고 다시 본다.

친정 나들이 외 1편

신 동 호

금세 갈 걸
왜 왔니
엄마는….
그래 알았다
그새 신랑이
보고 싶어졌나 보구나

그런 거란다
막상 떠나와 보면
혼자 두고 온 집이
안쓰럽더라니….
다독여 챙겨 주는
깻잎이랑 참기름을
가방에 넣고
동구 밖 장승백이를
딸애는 총총히 멀어져 갔다

바알간 볼에 부딪치는
정초 바람이
아직은 찬데.

10월과 상강霜降

산여울의
잎새들은 등불처럼
타고

이슬이 오던
거리로
이제 막 떠나온
겨울 나그네

젊은 시인이
허무한 정열을
불태우다
바다로 떠난
빈 포장마차

기적이 길게
울고 간 하행선
철길
오늘 늦게 핀
들국화 한 송이가
찬서리를
맞는다.

설인雪人 외 1편

신│세│현│

새벽빛 조금씩 밝아 오고
백설 덮인 치악산 근엄하게 다가서니
심기 여린 회색 달 서산으로 기운다

세상은 헝클어져 어수선해도
눈 온 뒤에 대지는 흰빛으로 하나가 된다
겹겹이 내려앉은 강변 눈길을
동행 없이 홀로 걸으며
순백의 고요와 담백한 산야에 담긴
천지 기운 가슴 가득 채우니※
마음은 날아갈 듯 하늘로 솟아오른다

잠시나마 은빛 설원에 서서
다툼을 버리고 문명을 털어낸
무지無知하지만 여백 있는
원시의 설인이 된다.

※숙종 때의 사상가 김창협金昌協의 한시 〈새벽 풍경〉에서 인용.
  "일기미금차一氣彌襟次"

존명 存命

부산한 버스 정류장 뒤편
팔순 노부부의 좌판에
텃밭에 야채들이 일렬로 앉아 있다
장사랄 것도 없고
못 팔아도 서운할 것도 없는

할머니 좌정하고 할아버지 서성인다
분주한 네거리를 바라보는
노인의 얼굴이 돌하르방처럼 검다
탁한 노변이 대수인가?
이 나이에 성한 다리로 사는 것도
하늘이 주신 복 아닌지

이제는 밤사이 존명이 갈리는
하늘과 땅의 경계에 살면서
날 새면 거동하여
길 위에 흐르는 삶을 보며
남은 생을 보내는 것도
하늘이 주신 운運 아닌지

오늘도 내자와 함께 길로 나선다.

한 점 섬이 되어 외 1편

심 의 표

요동치는 풍랑 따라
금세 지워질 듯
되살아나는 한 점 그리움

할퀴고 찢기고 침식당하고
한을 삭이면서
살아온 숱한 나날들

태초의 빛 잃지 않고
의연하게 대양大洋에 우뚝 선
한 점 섬이고 싶다.

가로등 하나

뱁새 한 마리마저도 잠든 밤
인적 끊인 지 오래인데

신들이 나풀나풀 춤추는
칠흑의 거리에서

눈비 막아줄 의지함도 없이
삼경의 적막을 깨고

맨몸으로 쓸쓸히 홀로 서서
어둠을 밝히는 위용

외로움만 먹고사는 너는
내 안의 거룩한 존재여라.

자목련 외 1편

심 | 종 | 은

아침 햇살이 두드리는
창가에
살그미 들이미는 꽃내음

함박 미소를 머금으며
호올로 뽐내고 서서
황홀한 시간을 듬뿍 던져오는
그 탐스러운 자태

난 몰랐어라
붉게 물든 꽃자락 속에
은밀히 담겨진 하얀 속살

감내하지도 못할
봄바람에
가슴 가득 뿜어내는
여기 그대만의 오붓한 봄·사·랑.

가을 여인

 노오랗게 변해 가는 들판에
홀로 선 당신은
늦가을 추억의 여인입니다

화사한 사연들로 어울렸던
지난날 도회지 아름다운 잔회를
이따금씩 떠올리며
맴돌아 가는 허공 속의 가랑잎

가뭄 지나고 덮쳐 온 태풍은
벌판 도처에 얼룩지고
병들고 벌레 먹은 고춧잎 모습으로 남아
볼품없이 버려졌지만

온갖 시련을 꿋꿋이 버텨낸
대자연의 드넓린 향취 속에서
익어 가는 가을밭 채소 향에
오롯이 삶의 회로를 다독이는 당신

지난 시절
꿈처럼 향기처럼 남아 있을 것이기에
애틋함은 가을바람에 실려
고목 잎새만 마냥 흔들어 대고 있을 거요.

여름 끝자락 위로 부는 바람 외 1편

안｜숙｜자

온종일 따가운 햇볕 내리던 여름은 가고
뼈저린 그리움 쪼아 먹으려
비둘기 한 마리 날아와 앉은 공원 빈 의자

허파 속을 거친 첼로 소리 내며 바람 불고
보라 그대,
뜨겁게 껍질 벗겨내던 나날 속에
저리도 무료한 시간 외면하고 싶은
비둘기의 감은 회색 눈
끝내 실종된 친구는 아직 돌아오지 않았어

흐르는 햇살에 허리 적시고
떠나는 매미 울음소리에도 지는 싸리꽃
저 멀리 낮은 불빛으로 흔들릴 때
핏기 없는 낮달 사이
다시 날아오르는 비둘기 한 마리
바람이 불고 나뭇잎 어딘가 날아간다

푸른 층계에서 들려오는 박수 소리
뜨거운 지상에서 누군가 은퇴하고 있다.

빈집

문을 열면
적막이 볼모로 잡혀 있는 빈집
상형문자 흔적 희미한 낡은 문패에
누구를 찾는지
이름을 잊어버린 바람이 맴돈다

불빛 쫓는 날벌레조차 외면하여
거미줄 쳐 놓고 기다린 반세기
앙상한 뼈만 남아
여명의 기별 기다리며
살 불릴 시간을 꿈꾼다

신기루 같은 빛을 향해
끊임없이 자맥질하다
다시 곤두박질쳐진
칩거한 어둠 밝아질 때까지
차마 빗장 걸지 못하는 빈집
지나는 바람이 문을 닫는다.

병상에서 외 1편

양 | 지 | 숙

주전자 물 끓는 소리
차가운 바람 스치는 줄
알겠구나
두런두런 흘러가는 소리
아침이 온 듯 만 듯
멀리서 멀리서
잦아들다 말다
쏟아지는 머릿결
올릴 줄 몰라도
한 방울 눈물
마를 날 없으니
개나리 노란 가지
피어오를 거라 믿겠구나.

바다

촘촘히 다가드는 물살
해는 구름 속에서 흐느끼고
회색 담장처럼 흐릿한 대기에
깜박깜박 인공 불빛
달려드는 순간에도
찬찬히 흘러드는 물 떼
갈매기 한 마리 없는 바다 마을에
웬일인지 토라진 구름만
한 가득
시끄럽게 토닥거려도
철렁철렁 밀려오기만 할 뿐
바다는
다 벗어던지고
투덕투덕 내려오는 빗물
함께 갈 수 있겠니?
칭얼칭얼 포물선을 그리고
나신의 빗물
품고
출렁출렁 흘러만 가는구나.

빈 소주병 외 1편

엄 원 용

쓰레기통 옆에 아무렇게나
버려진 빈 소주병 주둥이에서
빈 바람소리가 났다
막장 같은 어둡고 좁은
골목길을 걸어가던 서러운 주인공이
발에 걸린 빈 병 하나 냅다 차 버린다
대굴대굴 골목길을 굴러가다가
시멘트 담장에 부딪히면서 멈춰 선다
속을 다 비운 소주병에서
깨져 금이 가는 아픈 소리가 났다
서러운 주인공보다 더 서러운
이리저리 채이고 깨어지는 빈 소주병
비틀거리는 새벽 한 시쯤….
옆에서 찌그러진 헌 쓰레기통이
그 아픔을 멀거니 쳐다보고 있다.

수유리의 봄
—4·19 탑 앞에서

해마다
잊지 말자
두견화
곱게 피어나는
봄

등성이
등성이마다
핏빛 사연
짙게 물들었네요

바람에
그 꽃잎 떨어질까
이곳 저곳
두견이 슬피 울고 있네요

이제는
그 서러움
모두 잊었다, 잊었다고

온 산
아름답게
봄꽃 수놓고 있네요.

매화 외 1편

여 명 옥

설한풍
황사 바람에
검게 그을린 나목

비낀 햇살에
여린 꽃잎

골에 둘
등걸에 세 송이

천년의 빛
만년의 향기

윤회하는 나비
나비 떼들
한결같아라.

섬, 그 카프리에서

나폴리 만의 테레니아 해협은
망망대해
에메랄드 불빛에 출렁이는 점 하나

날으는 양탄자를 타고
사이렌의 감미로운 연주곡을 음미하며
하늘 궁전에서 웰빙 만찬을,

부서져 내리는 태양빛 아래
무지개 일곱 빛깔 시어들이
동영상 가득

하늘을 날으는 섬
그
카프리에서….

월색사향月色史香 외 1편

여 | 학 | 구

봉황이 둥지 틀고
웅비雄飛의 나래 활짝 편
반천여半千餘, 풍류風流 세월歲月
영욕을 함께한 나래 언저리

막내로 틀어진 둥지
영친왕 비, 이방자 여사가 머물다,
영면, 정역립正逆立 88※세
오백여 성상星霜, 수수壽를 다한 자리

관물헌觀物軒※, 석복헌錫福軒※, 수강재壽康齋※,
창경 궐내 굽어볼 수 있는
취운정翠雲亭※ 둥지도 이웃에

화신풍花信風이 귀띔하면 매화, 살구, 앵두꽃
만발한 화림花林의 정원으로
태곳적 달빛 품에 곤히 잠든 낙선재樂善齋,
떠난 세월 사향史香만이 짙게 피어나….

※정역립 88: 바로 세우나 거꾸로 세우나 88
※관물헌: 순종이 태어난 곳
※석복헌: 정효 황후(순종의 비)가 머물던 곳
※수강재: 덕혜 옹주가 기거했던 곳
※취운정: 창경 궐내를 굽어볼 수 있는 정자

시큰둥 판관[名判官]

네 말이 맞다

네 말도 맞다

그건,
임자 말도 옳아요

모두가 승자勝者이니
돌아가 일들 보세요

임진강臨津江 나루
반구정伴鷗亭 쉼터.

벤치와 소주병 외 1편

오 낙 율

누가
강소주 마시다가
떠나셨을까?
골목길 초라한 벤치 위에
두 잔쯤 남겨진 소주병 하나
우두커니 앉아 있다

바람 한자락
지날 때마다
표정 없이 공명共鳴하는
푸른 소주병의 낮은 휘파람

살려고 살았던 세월….

사람 살다 떠난 흔적이란 게
마른 모래 위에
개미 지나간 자리 같은데….

나비 · 2

남자의 발등으로
뚝뚝
붉은 꽃잎이 떨어져
은하의 별이 됩니다

시리도록 흰
사랑의 재가
아카시아꽃이 됩니다

내 꿈에
사무치던 여인은
저 혼자 어디에서
외롭고

소주 한 잔에
빙그레하는 것이
생生이라며
칠월의 허공 속에서
나비 하나
힘겹게 날아갑니다.

미꾸라지론 외 1편

오 병 욱

세상만 한 고무함지박 아가리 속
크고 작은 미꾸라지 같은 것들이
배만 담기는 구정물 속에 가득하다
그래도 입 벌리며 와글거리고 있다

몸 큰 놈이 연주하는
쾌락의 색소폰 소리에
강한 놈은 약한 것을 잡수고
작은 놈은 큰 놈의 변을 핥으며
몽롱한 정신 속에 흐느적거린다
두고 온 고향도 잊고
행복을 도적 맞은 것도 모르고
세월에 실려 사라져 가면서….

아마존이나 태평양이 있다는 것을
깨닫는 조짐이라도 있으면 좋으련만
다시 강이나 바다로 갈 수 있다고
꿈을 꾼다는 놈이라도 있으면 좋으련만
통을 깨어 버려야 살길이 있다고 깨닫는 것은
통을 부숴 버리는 것만큼 어려운 일인 것 같다
투명한 요술함지박은 튼튼하기만 하다. 현재는….

겨울나무는 아름답다

지난날 모습은 화려한 풍경화입니다
지금은 앙상한 가지와 뿌연 몸뚱이뿐!

찬바람이 세차다
고드름이 겨드랑이에 매달린다
발가락이 저리다
배가 고프다
파란 풀 산토끼 다람쥐….
친구들 떠난 자리가 허무하다

대지의 숨소리에 옷깃을 여민다
단풍잎 앉았던 가지마다
찬바람이 앉아 버티는 가지
목을 길게 빼어 세우고 남쪽으로 뻗은 신작로를 바라본다
잠을 깬 꿈이 꿈틀거린다
산토끼가 겨울의 뒤꿈치를 물어뜯는다
양지바른 뜨락 햇병아리
물 한 모금 먹고 하늘을 본다
나도 따라 본다 하늘이 파아랗다
고향 텃밭에 꽃씨를 심는다
앙상한 가지로 가냘픈 손으로….

마른 장마 — 갱년기 외 1편

오 선 숙

시도 때도 없이
신열 끓듯 찔끔거리는 가랑비
비틀린 닭모가지처럼
투둑투둑
몇 방울뿐

샘물 펑펑 솟구쳐
무성한 가지 드리우던 대지는
푸석거리는 목마름으로 흙먼지를 일으키고
마른 잎으로 부서지던 상념들이
무지갱을 가슴팍까지 불러들인다

손바닥엔 천국을
손등엔 지옥을
얹어 놓은 채
뒤집기를 반복하다가
끓어오르는 적도 한가운데로 내동댕이쳐진다

제 무게에 지친 손은
신음조차 버거워 허공만 바라본다.

노량진

태양을 향한 마라톤을 위해 목을 축이는 곳
갈증을 해소할 만큼의 물을 확보한 이도
혀끝만 적신 채 허덕이는 이도
두 평 남짓 감옥을 벗어나려면 수맥을 찾아야 한다

컵은 음료을 마시는 도구만이 아니었다
한 손에는
살덩어리의 보존을 위해 밥을
다른 손에는
바깥세계와의 소통을 위해 휴대전화를 들고
거리에서 생존을 해결한 그들은
귀로 찾기를 미룬 채
화려한 조명이 쏟아져 내리는 몰아의 세계로 들어선다

몸뚱이를 유지하는데 최소 비용을 지불한 대가로
정신을 포장하는데 사용할 여유분이 생긴 모양이다
근사한 머그잔을 부둥켜안은 포만감이 정신을 비대하게 채운다

족보 없는 밥 대신 뼈대 있는 커피
허세 가득한 불빛으로 건물 전체가 충만하다.

빼앗긴 여행 외 1편

오 세 정

그렇게 뜨거울 줄이야
며칠의 기간도 다 채우지 못하고 포기해야만 했던 여행,
적도의 땅
벌거벗은 몸뚱이 타들어 가도
엎혀 살아가듯 맡길 수밖에 없는,
웃어야 할
울어야 할 어떤 방법도 스스로 갖지 못하는,
뜨겁기만 한 땅
혼까지 묻혀야 하는
그들인들 바뀌는 계절이 어찌 그립지 않겠나요
물속에서 장난치고 싶지 않겠나요
생각해 보면
어느 계절에도 제압당하지 않는 땅에 산다는 건
언제든 계절에 맞게 새 옷을 고를 수 있다는 건
신神이 준 축복
한여름에 가을 옷 고르는 행복은 넘쳐라
빼앗긴 여행 흘러라.

공원 비둘기

발가락 잃은 하얀 비둘기
조막 발 끌어가며 아이가 날려주는 강냉이 꾹꾹 삼키던
날았다 앉았다
드나들며 그렇게 하루를 맡겼던 공원
늘어나는 새 식구 낯설어선가
오래 머물러 있다는 게 민망한가
말없이 날아갔네
푸른 물 보기를 눈앞에 두고 돌아서야 했던
그해 겨울
한발 더 내딛지 못한 그 순간이 아쉽다며
그곳에 묻고 온 그 모습들
지금도 가슴을 짓누르고 있다며
젖은 눈 감추려 서성이던 모습
잊혀져 가네
광장 내어 주고
한 귀퉁이 지키는 간판처럼 눌러 있던 비둘기들
하나 둘 자꾸 보이지 않네.

청도행靑島行 비행기 안에서 외 1편

오 칠 선

고도 12,000미터의 비행기 안에서
아래를 내려다보면
육지와 도시와 산천이
두리뭉실 하나의 구름 속에
잠겨 버린다

구름 아래로 가끔
파란 바다가 보일 뿐
인간이 살아온 세상마저
구름 속에 잠겨 무의식 세상으로
돌아가게 한다

내가 살아 있다는 진실만은 확인하고
하나님께 감사 기도를 드린다
꿈속에서 꿈을 꾸면서, 내가
나마저 잊고 무아지경無我之境이 된다

구름 속에 잠겨 꿈을 꾸면서
날아간다 날아간다.

청도 青島

청도는
중국의 가장 큰 반도
한국과 얼굴을 맞대고 있는
한국에서 가장 가까운 반도였다

한국인이 20~30여만 명이 상주하고 있는
한국과 친화적인 인연을 맺고 있는
이웃 땅 반도인 청도엘 가면
마치 고향 땅 한국에 온 기분이 든다

거리에서 만나는 한국인들은
주로 상공업에 종사하고 있었고,
중소기업체와 공장까지 옮겨 와서
성업 중에 있으며, 한국의 미래의 꿈을
심어 가고 있었다

인천 공항에서 청도 공항까지 비행기로
한 시간 사십 분 거리의 청도는
한국인들의 미래의 꿈을
수놓아 주고 있었다 있었다

미래를 꿈꾸게 해주고 있었다.

전철 1호선 외 1편

우 성 영

천안에서 서울 가는
지상 전철 1호선
충남 경기 서울 사람
외국인 노동자들
마음 한 자락 가난한
사람들로 북적입니다
파고다공원 가는
어르신들 정담도 정겹습니다
환승역마다 썰물 밀물로
내리고 타는 그들은
가난과 비굴로 지치지 않고
품 속에는 희망이 가득합니다
내일이라는 이삭을 줍는
그들의 발걸음은 가볍습니다.

철쭉꽃

꽃 피울 소망
그것 때문에
철 늦은 봄눈 내려
온 밤을 이불 속 온기
퍼 나르며 녹였던 마음

어느 날
꽃으로 그대가
내 속에 피어났을 때
떠날 때를 생각지 않는
그런 만남이었으면
참 좋겠네.

하늘과 땅과 바다의 꿈 외 1편

유경환

태초에
바다가 먼저 생겨나서
하늘을 낳고
땅을 낳았다
어머니의 바다에서
하늘 같은 아들을 낳고
땅과 같은 딸을 낳았다
바다의 숨 쉬는 김이
하늘에 올라가
음양 조화 순환되어
이 땅에 내려온다네
어머니의 바다가 맑아야
하늘도 숨쉬고
이 땅도 숨을 쉰단다
바다가 생기를 내놓아야
하늘도 숨쉬고
이 땅도 숨을 쉰단다
바다는 자궁이요
용궁이요 천궁이로다
하늘 궁창이로다
어머니의 바다 속엔 은하계도 숨을 쉰단다.

모정의 세월

수줍어 미소 짓던
풋풋한 가슴 안고
가난을 등에 업고
모진 겨울바람
이겨낸 모정이어라
머리엔 실밥처럼
하얗게 드리우고
구릿빛 얼굴엔 논밭 고랑처럼
주름살이 배어 있구나
귀여웁다
젖가슴에 달고 다니던
아들자식들 소식 없고
딸자식들 발 끊겨져
어디에들 사는고
우산 장수 아들
해 돋을라 걱정이요
나막신 장수 아들
해 내리쬘라 걱정이요
짚신 장수 아들
비가 올까
걱정일레라.

바람 탓에 외 1편

유 나 영

미칠 듯
휘감는 바람 탓에
나뭇가지 산통을 한다

텃밭에 묻은 꿈
흩뿌리다가
바람의 가지 끝에
매달린 채
금방이라도 눈물로 쏟아낼 것 같다

삶이 그늘져서 서러운가
부끄러운가

울 밑에 남아 숨만 쉬다가
해 질 녘
바람이 날아와서
가지마다 헐벗으며 산통을 한다.

세월의 강

세월의 강을 건너
강을 건너서
당신의 자리에 들어도 될까
서성였는데
이미 건널 수 없었습니다

아득한 날의 이야기
이야기 주울까 서성여 보았는데
내가 들을
자리가 있지 않았습니다

구름 가는 길이어서
무심으로 바라보지만
바람은 제 홀로 시름겨워
울고 있기 때문에
나는 빈 하늘만 바라보고 있었습니다.

해운대의 밤 외 1편

유 소 례

쏟아질 듯 톡톡 불거진 하늘의 별
불꽃 레이스 휘황한 광한대교
줄지어 쉬임 없는 차들의 행진
구불구불 주름잡아 치솟다가
와르르 무너지는 파도의 성,
암록의 밤바다 해운대
하늘을 찌를 듯 치솟은 건축물들
출렁출렁 파도 위에 흔들거리고
열정이 욱신거리는 여름의 해운대

남녀노소, 자유를 풀어 격이 없는 이웃이듯
해운대의 밤은 잠들 수 없는 오아시스
낭만이 흐르고 사랑이 흐르고
여기 모두 만남은 너와 나의 미래,
숨 막히는 오솔길에서 동반이 될 추억

온 가족이 함께하는 여행,
나도 어깨의 날개를 펴고 나는 듯
자신감 넘쳐 좀체 잠들지 않는 밤, 밤,
선잠 속에서도 피곤치 않는 활기,
바다와 동백섬이 어울리는 아침의 해운대.

낭만이 흐르는 해운대

청춘의 피가 튀는
팔월의 폭염 속에
파라솔 울긋불긋 누벼진 모래밭,
그 약속의 비밀을
당신도 알 거야

만남의 징검다리 건너서
애정산맥 굽 돌아 오밀조밀 불꽃 사연,
긴― 두루마리 추억을
넘고 넘고 또 넘어도
지치지 않는 청춘의 상징이여!
당신도 알 거야

아가미 벌리고 길길이 달려오는
날선 파도의 이빨 앞에
돌진하는 양양한 앞길이여!
울퉁불퉁 근육질의 청춘이여!
보는 사람 간장이 닳았는데….
저― 근육질, 당신도 알 거야

피가 끓는 청춘이여!
당당한 푸른 기백이여!
미래를 짊어질 꿈을 품고

오늘의 피 끓는 젊음이여!
먼— 훗날에도 오늘만 같아라.

태풍 15호 볼라벤 외 1편

유 영 애

태풍주의보를 들으면서
병원 가는 날이기에

뉴스를 무시하고 밖에 나와 보니
바람에 쓰레기통이 누워 뒹굴고 있다

갈까 말까 하며 불과 50m면
탈 수 있는 마을버스 정류장에
기다리는 5, 6분

더는 서 있을 수 없어 돌아와
텔레비전을 켜고 뉴스를 보니

피해가 눈더미처럼
늘어가고 있다고

무심히 내다본 동일로 가로수가
철새처럼 잎을 날리고 있다.

런던올림픽을 보면서

아!
내게도 저런 시절이
있었지,

젊음은 참 아름다워!

삶은 순간순간이
마무리이자
시작이기도 하지

세월은 내 얼굴에
주름을 남기고 갔지만
꿈마저 버리면 안 돼

아름다운 마무리는
감사하는 것

이제 욕심은 금물이야!
비우는 연습을 하다 보면
한결 젊어질 테니

노년을 슬퍼하지 마
황혼은 아름다운 거야.

낙지 외 1편

유 자 효

　목포에서 소포가 왔다
　풀어 보니 바닷물이 든 비닐 봉투 안에 산낙지가 여러 마리 들어 있었다
　낙지들은 좁고 작은 비닐 봉투 안에서도 다리를 뻗어 빨판을 봉투에 붙인 채 균형을 유지하려 하고 있었다
　어물전이나 식당에서 산낙지를 더러 본 적은 있어도 내 집에서 만나기는 처음이었다
　어쨌건 죽여야 했다
　고민 끝에 냄비에 물을 끓였다
　물이 펄펄 끓자 비닐 봉투를 풀었다
　왈칵 바닷물이 솟구치며 아파트 부엌 바닥이 물벼락을 맞았다
　급히 비닐 봉투 속에 손을 넣으니 물큰한 생명체의 다리들이 달려들었다
　낙지를 꺼내 끓는 물속에 던져 넣었다
　뜨거운 물이 튀며 바닥은 다시 한 번 물 세례를 맞았다
　마지막 한 마리는 긴 다리를 냄비의 가장자리에 걸쳤으나 이내 탈출을 포기하고 스스로 끓는 물속으로 끌어 들였다
　뜨거운 금속보다는 끓어도 평생 그 속에서 살아온 물속이 차라리 친근했으리
　나머지 낙지들은 봉투 속에 둔 채 하루를 묵혔다
　이튿날 낙지들은 모두 죽어 있었다
　보지 않는 동안 서서히 서서히 죽어 갔을 것이다
　다시 물을 끓여 이번에는 안심하고, 저항 없는 낙지의 시체들

을 집어넣었다
　고통이여
　살아 있는 모든 것들이 고통 속에 죽지 않을 수밖에 없는
　죽이지 않을 수 없는
　그 고통이여.

낙타

어미 잃은 새끼 낙타에게 젖을 허락하지 않던 암낙타가
마두금馬頭琴*을 불어 주고 주인이 따뜻한 손길로 쓰다듬어 주자
눈물을 흘리며 이윽고 젖을 물린다
낙타가 마음을 여는 데도 마두금 연주 정도는 필요하건만
나는 네 마음을 열기 위해 그 어떤 노력을 했단 말인가.

※마두금: 몽골의 악기

봄비 외 1편

윤 갑 석

당신의 등 뒤로 소리 없이 다가와
쓰다듬는 연인의 치렁치렁 머릿결
갖가지의 교태로 애간장을 녹이고
꽃자리마다 노랗게 산수유 피우는
하얀 드레스 입은 여인의 저 눈매
기지개 두런두런 들리는 땅울림과
살아 있다는 이 현실 앞에 선 환희
밭고랑 사이로 엎어지며 달려가며
하늘이 보낸 이 감로수에 먹 감고
오색 나비 타고 마음껏 날아오른다

봄비 속엔 생명의 씨알이 한 움큼
봄비 속엔 뜨거운 사랑이 한 움큼
봄비 속 부질없는 한 움큼 기다림.

작약

봄비 머금은 채 소리 없이 피어나
어둠을 향하여 폭포처럼 내어뿜는
농염한 향기의 품에 파묻혀 보아라
노려보는 눈빛에 오금이 저려오고
진홍빛 아름다움에 목이 타오른다

칠흑의 밤이면 여인들은 입술 단장
골목길을 여닫으며 거닐고 있는데
바람은 일어나 창문을 흔들어 대고
꿈결 같은 연민에 반한 저 귓바퀴
이 밤 작약 꽃에 녹아 버리고 싶네.

나는 누구인가 · 91
— 제사祭祀와 장손자長孫子

윤| 한| 걸|

고향 하늘 가까운 마을
맑은 금호강 옆구리에 끼고
살아가는 한적한 도시 변두리

며칠 전 선고先考 제삿날
제수祭需 상床 준비하는 외아들 옆에
이제 스물하고도 두 달 된 장손자長孫子

병풍 치고 교의交椅* 정좌하고
아비 바쁜 손놀림 따라
제기祭器를 옮겨가며 분주한데

장손자長孫子 위폐대를 찾아 들고는
위험하게 이게 무슨 일인가 했을 때
교의交椅대 위에 위폐를 올리고는 나온다

아무도 그렇게 한다고 알려 준 일도
그렇게 하라고 말하지 않았다
그 광경에 너의 87세歲 증조曾祖할머니 혀를 내둘렀다

제사 차례가 시작되고
제관들이 강신降神 참신參神으로 절하니
따라서 절을 하는데 그렇게 잘할 수가 없다

지난 음력 설날 세배를 하라 해도 안 하던 손자
기특하기가 한량없다
허 허 이 집의 대代를 이을 놈이로구나

정말로 영특하고 기특한 아이로구나
이런 아이를 손자로 둔
나는 누구인가.

※교의: 제사를 지낼 때 신주神主를 모시는 다리가 긴 의자

나는 누구인가·97
— 고백告白

강산이 여섯 번하고도 반이 흐르고 이 년
그렇게도 동경의 대상이요
내 가슴속에 응어리처럼 남아 있는
한에 가까운 생각을 머릿속에 안고

지금까지 버티어 온 것은
끝없는 희망이었다
나도 이 세상을 끝내기 전에 할 수 있다
나도 한다는 생각이 신념信念처럼 버티어 왔다

어느 사람의 호랑이 눈썹이 그렇게
멋있어 보일 수 없었고
그래 저 푸른 나무들이 옷을 벗기 전에 오늘
그런 세월 강산이 일곱 번이나 바뀌는 지금

고향의 이현영원으로 가신 선고께서도
지금 구순을 바라보는 우리 엄마도
예쁜 눈썹은 보여주지 않았다
어느 시인이 쓴 시가 생각이 난다

나는 문둥이가 아니올시다
네 아버지 어머니는 문둥이올시다
그러나 나는 문둥이 새끼올시다

라는 시가 항상 내 귓전을 울렸다

여자들이 눈썹 문신을 하면 무죄이고
남자들이 그림을 그리면 유죄인가
그 이유는 무엇일까
선고께서 가시고 일곱 해

눈썹을 잘 그린다는 화가를 찾았다
암 예쁜 눈썹을 만들어야지
자연스럽고 예쁜 눈썹을 그리자고
부탁을 정중하게 젊은 여화가에게 했다

그렇게 눈썹을 시술하는 40여 분 눈을 뜨니
이래 가지고 어떻게 가는가가 걱정이 되었다
그런데 걱정하지 마세요 한다
일주일이면 70퍼센트의 약물이 빠집니다 한다

집 식구와 함께 갔기에 다행이지
그렇지 않았으면 어떻게 했을까
하늘도 함께 울었다※ 그동안 억울한 세월을
나는 누구인가.

※하늘도 함께 울었다: 그날 귀갓길 비가 억수같이 내렸다.

여름 농막 외 1편

이 근 구

불볕은 묵정밭을
짙푸르게 살찌우고
매미들 숲 속에서 느린 왈츠 뿌리는데
농심은
흙의 교훈을
대지 위에 양각陽刻한다

아침 일 저녁 일 시간의 문지방은
점심 후 꿀잠 오수午睡
재충전의 비몽사몽
초저녁
하늘을 긋는
사랑 찾는 반딧불이

창가에 달이 밝아
봉당에 나서 보면
풀벌레 혼성창이 오우가를 노래하고
무욕한
숲 속의 삶이
축복인 듯 고맙다.

여든 고비

눈 속에
바람꽃이
시향詩香으로 피는 날은

산 빛도 설의雪衣 벗고
한 발짝 다가서고

한세월
여든 고비를
동행하는 풀꽃시조.

길 위에 길을 찾아서 외 1편

이 근 모

가는 길 앞에서 갈 수가 없고
보이는 길을 딛고
보이지 않는 길을 바라보네

거미줄처럼 얽어 놓은 길은
안개 속 길이 되어
늘 길 속에 갇혀 길 찾아 헤매네

아는 길 위에서
다시 돌아올 수 없는 길을 만나다가
나만이 아는 길을 만나네

갈라서는 길 합쳐지는 길
어느 답안지 같은 미로의 길목에서
지웠다가 썼다가
동그란 정답을 그리며
나는 몽당연필 길라잡이가 되어 서 있네.

서해대교 바람결에

서해대교 바람결에 날려 버릴 거야
황해의 물바람 하늘 속의 높은 바람
밀물 따라 서풍 따라 아산만 어귀 큰 입 벌려
답답한 가슴 훨훨
하나도 남김없이 날려 버릴 거야
현수막 풍선처럼 빈 가슴 새것으로 가득 채워
옷자락 펄렁펄렁 머리카락 휘날리며
음악 소리 맞춰 하늘 높이 띄워 올릴 거야

파란만장한 내 인생의 길목
서해대교 바람결에 날려버릴 거야
서풍 타고 오는 저녁바람
육십 킬로 달려도 후벼내는 바람
팔십 킬로 내달리면 차체마저 날려 버릴 듯
영혼마저 씻어 주는 후련한 바람
우울할 때 답답할 때
서해대교 바람결에 날려 버릴 거야

인생의 다리를 건너가는 길은
바다 위에 띄우는 바람 길이던가
갈수록 숨 막혀 오는 멍멍한 일상들
서해대교 바람결에 씻어 버릴 거야
울음바다 눈물이라도 한순간 닦아 주고

목구멍 차오르는 설움이라도 한순간 뚫어 주고
그 누더기 같은 세상 바람쯤이야
서해대교 바람결에 다 날려 버릴 거야.

매미 외 1편

이 기 종

수천 일 동안
땅속에만 돌아다녔던
인고로 얼룩진 긴 세월의 한풀이
사랑을 외치는 이주일 간

윤회를 실천하느라고
우화를 하는 모습은
생명력 넘치는 자연의 섭리

무더운 여름날 아침
찬란하게 출렁이는 시원한 법음
후손을 위해 스스로를 묻는 그들

깨끗한 이슬만 먹고 집도 없이
탐도 없고 신의를 지키는 너는
익선관翼蟬冠을 쓴 선비였구나.

부침개

불효자식 반기시는 어머니 이마엔
주름 하나 늘고
투박한 손등은 내 가슴을 아리게 하네

솥뚜껑 뒤집어 놓고
기름 바르고 반죽 떠서 놓고
배고파 할까 봐 부지런히도 하신다
'한 점 먹어 보렴'

활활 타는 장작불
무쇠로 만든 솥뚜껑과 기름 냄새
모두 걸쭉한 잊을 수 없는 추억들

무릎 관절 만지며
내가 몇 번이나 할 수 있을라나
기쁨 반, 설움 반 그리고 땀을 닦으며
연속 뒤집는 부침개.

열사흘 달빛 외 1편

이 도 현

정월 열사흘 달빛
나를 따라온다

지명知命의 나이를 벗고
잔잔한 취기로 온다

서너 평
뜰을 거닐며
중얼거리는 하얀 독백

그림자 발목을 딛고
밤을 서성이는 범부야

미완의 짐을 지고
어디쯤 오르는가

잡힐 듯
내 사량思量의 뜰
달빛만큼 흔들린다.

늦바람

남몰래 사랑하고 싶다
오두막집 불씨처럼

얼마를 더 태우면
그대 눈빛을 보랴

늦가을
아주 늦가을
물이 드는 단풍잎.

칠십이 넘어서야
조금은 보일까

가까이서 못 본 걸
멀리서 보았네

천천히
일어서는 불꽃
울고 싶은 저 반란.

백치 아다다의 부활을 꿈꾸며 외 1편

이 동 근

이게 웬일입니까
과음 때문이라고 생각하기에는
나에게는 흔치 않은 일입니다

커튼 뒤 저쪽
어둠으로 들어갈 때
태양은 2시 방향을 가리키고 있습니다

나는 선글라스를 벗지 않았습니다

지난밤
몽정夢精의 극치를 현실화하고 싶어서
계산대에 섰을 때
지배인의 어눌한 물질 행복론

그것은 시대를 넘어
백치 아다다의 비극적 환영幻影이
정신 행복론과 대립할 때
태양은 3시 방향으로 기울고 있었습니다

저녁놀이
아름다운 저쪽으로 가면서
나는 선글라스를 벗었습니다

이게 웬일입니까
과음 때문이라 말하지 않겠습니다
나에게는 흔치 않은 일이니까요.

박제가 된 장수하늘소

마로니에 공원 물푸레나무는
시멘트로 봉합수술을 하고
페인트로 성형수술을 했어,

그리고
마지막 꽃을 피운 것이 6월이었나
아마, 그때쯤일 거야

광릉수목원으로 날아가기 위해 펼친 날개가
달빛에 반짝이는데
그 아름다움에 모두 감탄했어,

광릉수목원에서
목초액을 몸에 바르고 박제가 된 뒤
곤충 채집 상자에 보관했어,

그게
장수하늘소의 운명인지
나도 모르겠어.

산골 풍경 · 573

이 명 우

아득하게 들려오는 저승의 종소리
이승에 와 부딪쳐 메아리로 돌아가고
별빛을 퉁기는 하늘 예술가
그 리듬 은은하게 흘러가는 분기점에
파란만장의 빛깔들이 춤을 추고 있다.

산골 풍경 · 574

살랑이는 봄바람아
내 마음을 흔들지 마라
그러잖아도 나 지금
앞뒤도 보지 않고 줄행랑칠까 하고 있다

사무치는 사연아
잠자는 추억을 깨우지 마라
가슴 부풀던 그날들이
이제는 송곳이 되어 자신을 찌를 것만 같다

피지 못한 운명아
내 얼굴 앞에서 맴돌지 마라
눈가를 건드리면
고였던 눈물이 펑 펑 쏟아질 것만 같다.

성취의 꿈 외 1편

이 문 재

슬퍼도 눈물 아니 흘리는 새들은
즐거워도 겉으로 아니 웃는다

공평하게 누구나 나이 먹지만
등걸잠 속의 꿈결 같은 한평생
부귀영화는 반딧불 같지만
백년도 못 살면서 천년 계획 세우고
뜬구름 잡으려고 허둥거린다

쉽고 빠르게 가려고 위험한
지름길로 가다
실족하여 고생하기 일쑤

가는 길이 험난하고 고통스러워도
어떤 풍파에도 흔들리지 않고
꾸준히 전진한 사람들은
천신만고 끝에
영광의 웃음꽃 핀다.

강인한 질경이

볼품없이 들판 가득 길가에
왜소하고 초라하지만
지천으로 무성하게 자란다
짓밟히고 발길에 채여도 씩씩하게
굴하지 않고 일어서는
끈질긴 오뚝이 같은 생명력의
강인한 질경이

아무도 눈여겨보지 않는 길섶에서
절망하지 않고 당당한 자세로
아담하게 꽃피운 알찬 열매
약용으로 사랑받기도

순박하고 겸손한 처신으로
원망하거나 시기하지 않고
운명적인 고난 감내하면서
초록 향기 하늘 높이 힘차게
희망을 노래한다.

천당天堂 외 1편

이 병 준

호수에 뜬구름에 내 마음을 실어 놓고
바람 따라 산을 넘어 이곳저곳 돌아보니
지상의 크고 작은 집의 조화 삶에 길이 무한대

하늘(천당)의 낙원이란 자랑할 옷 한 벌 없다
어느 날 구름 타고 하늘 길에 오른다면
외로운 하늘의 사회를 생각하여 물 한 잔.

도우미

엄동설한 밀어내는
삼월 햇빛 생동감을

홀로 가는 모성의 길
등불 되는 길잡이도

나의 일 만물의 생육을
도와주는 도우미.

시월의 사랑 외 1편

이 선 영

여름과 겨울
봄날의 그 싱싱한 빛으로
가장 향긋한 열매를 빚는
그댄 가을인가요

질서에 반응하는
당신의 사랑은

생 잎을 떨궈 내는
숭고한 아픔
향기로운 입맞춤
새벽에 솟는 충만한 기쁨

시월이 오면
그대의 향기에 취해
만추의 끝자락을 더듬는
손은 소란스럽지만

당신의 힘으로 사는 나는
매일 부끄럽습니다.

삶은 시詩다

시詩
거기에는
또 하나의 나를 만나기 위한
두근거림이 있고

시詩는
오래전 삶 속에서
추방된 시간들을 찾아가는
오솔길이며

시詩와 삶이
불가분의 관계임을
증명하는 작업이 이뤄지는
광장이다.

귀촌 일기 외 1편

이 성 남

6·25 전쟁 무렵
아버지가 처음 마련한
눈곱만한 집

사시사철 개울물 소리
커다란 느티나무 잎 가지 속으로
두견이 가끔 마실을 오고

내 소녀 시절
첫사랑 배어 있던
수줍음 가득한 집

문경가은 도리실 길 56-6번지
사나흘에 한 번씩 드나들다가
백발 앞에 두고 귀촌 일기 쓴다.

오서산 나들이

초록 잎새 사이로
얼비치는 햇살
설레임 오소소 감싸는
여름 나들이

푸른 빛으로 펼쳐진
산과 들
백로가 무논을 뒤척이는
산골로 간다

넘실대는 싱그러움
지절대는 새들의 울림
오서산 명대계곡
신비로운 삼림森林의 향연

상수리나무에 기대어
때죽나무 하얀 꽃잎을 본다
싱그러움에 한몸 되어
시간을 버린다.

실과 바늘 외 1편

이 수 일

나의 운명을 당신께 맡겼잖아요
당신이 남자의 심장을 찌른다 해도
당신의 궤적을 따를 겁니다
기꺼이 피를 묻힐 겁니다
비록 천들이 아파할지라도
조각보들이 제대로 행세하도록
예쁜 레이스도 달아 줘야지요
씨줄과 날줄이 엉킨 생머리를
땋아 올려주럽니다
들숨과 날숨 사이로
우주를 쏘아 별들을 꿰어
은하수 빨랫줄에 널어 볼까요?

세수

주여! 저는 아무것도 훔치지 않았나이다
그래도 손을 깨끗이 씻었습니다
깨끗한 손은 씻을 필요가 없다구요?
아무리 손을 씻어도
깨끗해지질 않습니다

못 볼 걸 하도 봐서 눈을 씻을까요?
못 들을 걸 하도 들어서 귀를 씻을까요?

또 언젠가 꿈에 그녀를 범했나이다
양심을 씻어야겠지요?
또 못 할 말도 많이 했지요
혀를 씻어야 할까요?

아무리 씻어도 안 되면
주여! 손도 귀도 혀도 자르고
양심도 눈도 파내야겠지요?

오! 주여! 저를 죽여 주소서.

너를 찾아 외 1편

이 순 우

시나 쓰자
책상머리 앉아 눈을 감았다
좋은 소재를 찾아 떠난다
산에 오르니 네가 없다
꽃밭에 가보아도
산책로에도

어딜 갈까 궁리하다
무성한 여름이 떠나가는 자리 황금벌
마침내 너를 만난다
메뚜기들의 운동 경기장
높이뛰기 멀리뛰기
메뚜기 머리엔 왕관이 빛나고
쓰르라미 풍악이 하늘을 찢는다
하늘은 멀찌감치 물러나
파란 축복의 메시지를 띄운다
내 가슴은 유년의 그리움으로 꽉 찬다

시간이 좀 흐른 모양
할머니 탄내 나요
손녀의 건성 높은 목소리
이를 어째
냄비를 까맣게 그슬리면서까지
너를 찾아 헤맸구나.

말복날에

태풍으로 진종일 비가 내린다
이마에 담금질하던 뙤약볕
슬며시 꼬리 내리고
여유로운 한여름 물러나면
시절은 종종걸음 치겠네

복날 개 패듯 한다는 말이 있듯이
개가 보양식이었지만
지금은 삼계탕집에 줄을 선다지

덥다 덥다 해도
게으른 여름도 끝자락
왠지 쓸쓸히 젖어드는 우수와 아쉬움
가눌 길 없네
마치 가을을 재촉이나 하듯이
스산히 스산히 비가 내린다.

아버지의 텃밭 외 1편

이용우

먼먼 길 떠나시며 내게 주신 텃밭 하나
가슴이 막막할 때 이랑 지어 씨 뿌리고
운애 낀 잔잔한 날은 북을 돋아 고른다.

낮에는 빛살 속에 씨앗들 움이 트고
은하가 밤에 내려 상흔傷痕을 매만지면
빗장 친 가슴을 열고 푸른 하늘 안는다.

칼날의 시간들도 가뭇없이 묻혀 가고
펼쳐진 마음 텃밭 바람에 골이 지면
또 한 번 다잡는 생각 파란 싹이 솟는다.

노년老年의 하루

깃 세운 찬 바람이 가지 잡고 웅얼대고
햇귀가 동천하늘 붉은 살로 뻗쳐나면
하루 해 사루는 일들 앞을 다퉈 줄을 선다.

굽은 등 햇살 얹어 하루를 이랑 짓고
낯익은 시간들이 숨차게 돌고 간 뒤
내리는 산그늘 따라 펼친 깃을 접는다.

어석소 울음 따라 골목길 돌아들면
황혼에 젖은 마음 창가에 등을 달고
빛바랜 가슴 일기장에 오늘 그려 붙인다.

슬픈 여바위 외 1편

이 은 협

긴긴 해가 바다에 씻기고
하늘 별 내려와 섬 자락에 앉으면
흑산도 동네 아낙 옹기종기 모여앉아
한 어린 슬픔에 세월을 담는다

남편 자식 부모 형제 바다에 잃고
목 놓아 부르다 바위 된 여인들
천년 한 파도로 가슴을 치다가
여명에 바다 위로 뜬 별 하늘로 가면

모질고 애달프게 살아온 이야기
출렁이는 물결로 잘게 토막 나
햇빛 어린 물결 속에 닻을 내리고
또 하루 슬픈 미소로 태양을 맞는다.

파도와 절벽

바람결에도 마음 설레는 파도
황량한 고독 속에
긴 세월 버티고 서 있는 절벽
그 짧은 순간에 서로 만나
도대체 무슨 말을 주고받을까

가끔은 어떤 고백이라도 할 것 같이
저 멀리서 오다가 되돌아가고
가끔은 무슨 원한이라도 있는 것 같이
세찬 바람을 몰고 마구 달려와
절벽의 가슴을 할퀴고
따귀를 후려치고 돌아가는 파도

많이 그리웠다고 말했을까
많이 보고 싶었다고 말했을까
많이 사랑한다고 말했을까
이도 저도 아니면
원수 같은 놈이라 욕을 했을까

전생에 이루지 못한
천추의 한 같은 그 어떤 사랑이
둘 사이에 분명히 있는 것 같은데
서로 만나 암호처럼 주고받는 말들

도대체 알아들을 수 없으니
가슴이 답답하고 궁금하기만 하다.

다듬이 소리 외 1편

이 인 승

어머니 마음이
풀먹여
반들반들
빛나는 소리

온 가정이
하나로 옷 입히려
사랑을 다지는 소리

불평 많은 세상에
근심을 깨고
석류 열매로
결실되는 소리

있어야 되는
다듬이 소리에
아직
농촌이 환하네.

교회는 있으나 성전이 없어

사람이 모이는
그 많은 교회
교회마다
성도는 많은데
성전이 없어

교회에 모이면 성전 되어
하나님을 모시고
예배를 드려야 하는 것을
설교만 듣는
성도들의 태도여

그대는
성전에서
몸을 드렸나요
마음을 드렸나요
제물을 드렸나요
시간과
정성을 드렸나요
그리고
하나님을 마음에 모시고
떨리는 마음으로 집에 와서
지상에 빛이 되셨나요

모여서
설교는 들으나
참 제사가 없으니
성전은 어디에 있을까
돌아가서
옥중에 계시는
바울과 실라와 함께
조용히
기도하며 찬미하며
그리고
기도하며 찬미하며

서점마다 쌓이는
설교집은
돈을 기다리고
주인을 찾는다.

어느 노농 老農의 기원 외 1편

이재곤

올해는 풍작 된다
전원생활 꿈꾼 것이
서리 내린 머리에는
고단하게 쌓인 세월
노농의
부푼 희망은
어디쯤 왔습니까

잿불 같은 이 영혼이
텃밭에 맴돌아서
오늘도 그곳에서
호미 날을 세웁니다
흙손은
구덕 살 배겨
건강하다 합니다.

단풍잎

늦가을 붉은 별이
가지에 내려앉듯

그 별이 빛을 낼 때
온 산은 붉게 탄다
정열情熱이
멈출 날까지
겸손하는 꽃단풍.

알밤 외 1편

이재성

밤샘 진통 끝에
땅으로 안기는 핏덩이
풀벌레 축가 속에
미래의 꿈이 잉태된다

한여름 가시 속 보금자리
아쉬웁지만
버리고 떠나는 여유

생명의 맥 이어 가는
무언의 미학.

까치집

굴참나무 꼭대기에
동그라미 하나

속세를 멀리한
지상낙원이라오

고운 햇살 맑은 바람
창공 가득 담아 두고

별들과 속삭이는
낭만적인 너의 삶이

비워서 풍요롭구나
하늘 가까운 보금자리.

저 높은 곳에서 외 1편

이 종 수

다만 바라보고 있지요 묵연히 저 아래를
사바세상이 실로 아득합니다
소소곡절이야 시시비비할 것 없으나
사는 게 힘들고 궁박窮迫스러워 낮은 데서
이곳까지 한사코 기어 올라왔어요
여럿이 있어도 외로운데 혼자라면 더욱
고독을 절감해야 되겠지요, 그러나 이제는
어쩔 수 없이 진퇴유곡입니다
간간이 도심의 비둘기들이 어디론가 날아가지만
동선의 실루엣만 발아래로 희미합니다
이곳은 생각보다 높습니다
나는 오늘도 허공의 좁은 공간에서 고달픈
생의 묵시록을 주문처럼 외워야 해요
(오열인지 절규인지 분간할 수 없는…)
발아래 땅 위에서는 개미 같은 인간들이
저마다 분주히 일상의 발걸음 재우칩니다
사방에 우뚝우뚝 솟은 인공 구조물들
벽면은 석양으로 어즐하게 물들어 가고
사람들은 각자 일터에서 돌아와
저녁 밥상머리에 메추라기처럼 둘러앉아 하루치
삶의 내력을 도란도란 얘기하며 가족의
일원으로서 저마다 행복을 느끼겠지요
TV에서는 저녁 뉴스가 나오고, 저 허공에

스포트라이트가 집중됩니다. 혼자
세상을 떠맡아 고민하는 사람에게로 하지만
그곳으로 올라가는 사람은 아무도 없군요
그럼요, 그냥 모르는 척 내버려 두세요
제풀에 지쳐 스스로 내려올 때까지
뉴스가 끝나고 세렝게티 사바나에서는
정글 법칙이 처절하게 전개되고 있습니다
얼룩말 한 마리가 사경을 헤매고 있어요
사자의 공격을 받아 시시각각
목이 졸려지며 숨을 헐떡거리고 발버둥치며
몸부림쳐 보지만 아무래도 위기 탈출은
무망합니다. 절체절명의 한 생애가
속절없이 허물어지고 있습니다
아베 마리아 아베 마리아(성모여 어서 오소서).

섬사람들

　가고 싶다고 맘대로 갈 수가 없다. 해풍이 거세게 불어 파랑 일고 거친 물결 위로 앉았다. 날다 산만해지는 갈매기들의 날갯짓과 성난 파도뿐이다. 갈수록 높아지는 파고 때문에 갈 시간이 지났어도 섬으로 가는 배는 떠나지 못하고 발이 묶여 있다. 섬사람들 한나절 망연히 바다만 바라보고 있다.

　아버지 어머니는 서울 작은 아들네 간 지 달포가 지났어도 내려오시지 않고 수업 끝나고 분교에서 돌아와 이제나 저제나 엄마 아빠를 기다리며 마당에서 사방치기 하고 있을 아이들, 전방 DMZ에 가 있는 막냇동생은 다음 달 말일에 대망의 전역 명을 받고 그리운 고향에 돌아온다고 엊그제 편지가 왔다.

　올해로 망백望百이신 할머니는 명아주 지팡이 짚고 뭍으로 볼일 보러 간 손자 손부를 기다리며 동구 밖 수평선 멀리 가물가물 눈길을 주고 있을 것이다. 눈만 껌벅거리며 먼 산 바라보며 되새김질하고 있을 늙은 황소와 밭두렁 푸서리에서 흑염소는 긴 수염 해풍에 휘날리며 매 매 매…. 주인을 기다리며 목이 메어 있을 것이다.

　개망초 서껀 잡초 무성한 묵정밭 경운기로 갈아엎고 올해는 하지감자도 심어야 하고 오이 모종도 고추 모종도 토마토며 가지 모종도 옮겨야 한다. 한때는 육지로 나가 바람처럼 구름처럼 타관 땅을 떠돌며 타향살이 신물나게 하다가 철새처럼 고향에 돌아와 다시금 섬 생활을 하고 있으나 아직도 마음 다잡지 못하고 갈대처럼 줏대 흔들리는 춘매 아버지 먼 수평선을 바라보며 수심이 깊다.

서울 1, 2, 3…

이 진 석

1
쫓기고 쫓는 발길
아무리 보아도
피로한 기색뿐인 눈과 눈들
우정은 금이 가버렸고
안으로 안으로 이어 온
토속이 아쉬워지는
순수를 잃은 사랑이
난무亂舞와 소음騷音으로
퇴색의 연기를 뿜는다

밀리는 인파 찬란한 불빛
홍수처럼 범람하는 차량
환락歡樂의 도성, 명암의 거리
시始외 종終의 무분별
현대문명의 역기능 속에
상실되어 가는 너와 나
이렇게 하루가 오고
또 하루가 가면
남는 것은
우리들의 우울한 사랑뿐.

2
시멘트 문명의 영향으로

거대한 빌딩은
하나 둘… 솟아오르고
곳곳에 세워지는 아파트군群
높이 세워진 철탑
동서 혹은 남북으로
관통된 터널,
좁아지는 하늘 아래
낮아지는 남산,
외래 문명의 거센 물결에
밀려나는 한옥들,
실향인의
애끓는 향수 속에
메카니즘에 도전하는 한강은
서울 한복판을
동서로 가로질러
신음하고 있다.

3
능수버들
휘휘 늘어진 노들강변
흥겹던 뱃노래 소리
선폭船幅을 나부끼며
한강 어구를 드나들던 시선柴船,
새우젓을 만선한 배들이
빈번히 드나들던 마포,
극성스럽게 울던
아기의 울음을
섬찟 멈추게 했다는

호랑이가 웅거했던 인왕산,
그 강 그 뫼는
묵묵히 흐르고
의연히 솟아 있건만
근대사 암흑과 격동에
휘말려 간 사랑이여,
이조 오백년
왕업을 누려 온
번화했던 한양골에
영욕의 시름을 딛고
역사의 소음으로
귀가 먼 고궁古宮들이
정겹고 애처롭다.

4
치욕이 삼십오 년
단장斷腸의 육이오
얼룩졌던 과거가
선열들이 고운 승리로
애써 돌아온 땅
숙연해야 할 우리가 아닌가
나는 나의 자유를
너는 너의 권리를
누리고 주장하며 살아야 한다
오― 비둘기여
깃을 저어 대지를 축복하라
가슴 뿌듯한 이 염원을.

창가에 서서 외 1편

이 진 숙

비 내리는 창가에 서면
그냥 좋다
창밖의 풍경도
유리창에 흘러내리는 빗물도

모락모락 김이 나는 커피를 마시며
내가 좋아하는
'라노비아' '비창'을 들을 땐
더욱 좋다

스산한 오늘, 세월을 밟고
끝 간 데 없는 뿌연 하늘을 바라보며 마시는
따끈한 이 한 잔의 커피가
몸속까지 행복한 건
내일이란 '베일'이 있어
희망을 주기 때문일까

아직도
비는 내리고
나는 창가에 서서 비를 마시고….

해빙의 뜰

삼동 지나
조춘화早春花 피고
초록이 오는 날

청아하고
여린 봄빛 풀어
고물대는 아지랑이

찻잔에
흔들리는 눈빛
목은 왜 이리 메이는가.

추석 명절 외 1편

이 창 환

날씨도 좋구나 8월 한가위
풍년 들길 조용히 걸으면
벼 이삭이 익어 가는 소리 사각사각
메뚜기 튀어올라 머리칼 뒤진다

온통 산과 들은 화가畵家들의 장날이다
천하는 총천연색 유치원 운동회
풍년가 높이 불러 태평세월이 아닌가
가는 곳 곳곳마다 배가 불러 돈싸움일세

아서라 옛 세월 배곯다 죽은 조상祖上님이여
지금이사 어찌 그때를 아는 이 몇이나 될꼬
조상 못 만나 고생한 것 뉘 탓인가
문둥이 제자리 뜯다가 도적맞은 그 세월
이제사 한탄하니 뭣할까요! 임란壬亂, 을사조약乙巳條約 잊지 마소!

유산천리流山千里

일월산하日月山下 천리千里를 흘러내려
남해南海를 둘러싼 보국철강補國鐵綱 있었네
배고파 빼앗긴 대마도對馬島야 너는 어이살꼬
백의민족의 조상님들 마음 좋아 빼앗긴 땅

두고 보고 두고 보는 기막힌 후손後孫들
탄탄嘆하니 원망이요 보자니 한숨일세
우리는 언제 국력國力을 키워 우리 것 찾으랴
빼앗긴 옥산금해玉山金海 같은 대한大韓의 땅 우리 옥토
어느 세월 찾아올꼬 가슴치며 통곡한다

동해바다 태양太陽이 뜨면 먼저 보는 우리 땅
대마도對馬島 우리 땅 우리 보배 언제 찾을꼬
벗이여 그리운 한국의 벗이여
이제 우리가 떠나고 그 뒤에 후손後孫 오면
우리 것 찾아라 부탁 부탁하고 갑시다.

한평생 외 1편

이 한 식

흘러가는 구름 속으로
눈부신 햇살이 살며시 들어와

여우비 사이사이
햇볕은 잘도 들더라

다섯 장 차나무 꽃잎은
인생의 모든 맛을 의미한다는데

따끈하고 향기로운 차를 마시며
스스럼없이 정 나눌 벗이 그리워진다

짙푸르던 낙락장송도 고목이 되면
깃들던 새도 찾아오지 않는다더라

정으로 가득 찬 행복한 순간은
왜 그렇게도 짧고 짧은지

아픈 가슴도, 아픈 세월도 모두
다 삭여 가며 살아가는 인생아.

염원

꽃처럼 화사한 날
발걸음도 가벼웁게

산뜻한 봄나들이
즐기던 연인들아

자꾸만 생각하게 하는
하염없는 기다림으로

언제 어디서든
나는 너를 영 영 못 잊을 거야

이렇게 아파하면서도
숨어 살아가야 하는 그리움

울어도 시원찮을 썩어 문드러진 세상에
무엇하러 여기까지 왔을까

가다 가다가 쓰러질망정
그래도 아니 갈 수 가 없구나

진실은 언젠가는
꼭 밝혀지고 말 텐데.

별 위에 사랑 외 1편

이 형 환

별은 내리고
그리움은 쌓이며
별 위에 또 별이 내리고
별 위에 또 그리움이 쌓인다

온기 하나 없는 찬바람에
암도 찾아올 것 같지 않은
허허로운 날
속내 살짝 드러내며
따뜻한 미소로 인사하는
당신의 모습은
행복에 겨운 한 쌍의 원앙이 돼 버린다

우리는 서로에게 아름다운 사람
눈빛만으로도 마음을 읽는
또 하나의 나인 사람….
그리움 위에 또 그리움이 쌓여
우리의 사랑은 밤에서 또 밤으로 이어진다.

믿음직한 사랑

오!
믿음직한 그대
한 목숨 다하여
그대만을 위한 시를 써도
나의 삶은 보람져 남으리

텅 빈 주머니로 문을 두드려도
그대의 진솔한 미소만
떠나가지 않으면
사막에서도 천국을 꿈꾸리

따뜻한 사랑으로
채워진 내 가슴은
그대를 잠시도 잊지 못하고
들에서 피는 들꽃으로
다시 태어나도
영원한 내 사람

어떤 모습으로라도
그대를 사랑하는
나는
망태기 가득 행복을 짊어지고
가는
사랑의 짐꾼.

태극인 太極人 외 1편

이 호 정

북극에는 백곰이 있고
남극에는 황제 펭귄이 있다
38선 남쪽에는 바다의 신神
이순신이 있고
38선 북쪽에는 대륙의 신神
안중근이 있다

지금 이순신의 신당에는
일본인이 참배하고
지금 안중근의 신당에는
중국인이 경배한다
두 신神이 만나니
세계 통일 이룩한다

겨울은 봄의 문턱이요
가을의 끝자락이라
겨울은 태극太極의 중심이요
무극無極의 시작이다
같은 무게이면
금값보다 더 높은

동충하초冬蟲夏草를 보면
태극이 무극일세

태우고 또 태우면
금강석이 나오듯이
때가 찬 태극인의 정기는
어둠 속에서도 빛이 난다.

막장

순간마다 시간에 쥐가 나는
막장에서
아내의 도시락을
먹어 보지 않고서는
가족 사랑을 입에 담지 맙세

들어갈 때마다 기도하는
막장에서
수천 년 다져진 석탄을
캐보지 않고서는
나라 사랑을 입에 담지 맙세

날마다 즐거움을 모르는
막장에서
숨 쉴 때마다
생명을 느껴 보지 않고서는
신神을 입에 담지 맙세

이날이 저날 되게 바라는
막장에서
태산의 무게로
참피땀을 모르고서는
통일을 입에 담지 맙세.

어머니 외 1편

임규택

그리움의 강이
흐르는 물소리로 깊어지면
꿈은, 귀뚜리 울음마저 돌려세운 채
어머니를 꾸고 있습니다

간절함이 향불에 닿아 시월의 기억은
손마디로부터 아픔이 저려오는데

호밋자루에 남은 가난의 멍울을
낯선 시간으로 바라볼 수밖에 없으니
회한은 변명의 촛불을 밝힌 채
중얼거림으로 소실되고 말았습니다

늘 비어 있었기에 안 듯 모를 듯
가볍게만 알았던 당신의 가슴앓이….

가을을 품에 안고 산바람이 되셨더니
잊고 지내온 섭섭함도
한가로워 목이 길었던 허물도
아무 일 아닌 것처럼
감춰 둔 사랑 하나를 이고
밤길로 소리 없이 불어옵니다.

압정

한마디, 한마디
되새김의 쉼표가 생겨날 때마다
앉은 키만큼 약속을 더하는 이력
조바심을 형광펜으로 걸머멘 채
메모판은 시간을 묶어 간다
반복되는 일상이 차례를 거듭하는 동안
눈치 없는 자리가
좁은 틈새로 습기를 불러들이면
눅눅해진 기억의 구멍은 녹을 삼킨다
눈썰미도 귀동냥도
혼자 삭였으면 한숨이었을 안타까움
갇혀 있었음에 되돌아가야 하는 이유,
침봉은 미로를 일러 주는 외침 같아서
망각의 한계 저 너머
별자리처럼 눌러 놓은 두드림의 솟대
증발이 두려웠을
기다림의 날들이 손을 흔들며
덧씌워진 질문으로 반짝거린다.

눈말 외 1편

임 성 한

저 맑은 둥근 두 눈
소리 없이 저렇게 사랑을 말할까
힘이 들어간 저 두 눈은 소리 없이
저렇게 증오를 말할까
눈은 소리 없이 용기를 말하고
악마가 되기도 하고
미련을 말하더니
애처로움을 말한다

온화한 평화로움, 눈은 자비다
급할 때는 눈이 빛으로 튄다 너무
좋거나 슬플 때는 눈물이 말이다
눈물도 다르다 핑 도는 눈물, 뚝뚝
떨어지는 눈물

눈은 때로는 입말보다도 더 섬세하다
못 표현할 것이 없다

바보 같은 입은 먹기만 하면 되지
괜히 말까지 하려고 덤비다가
때로는 더듬거릴까

눈말의 정점은 사랑의 표현

사랑해요라는 입말은 믿지 못할
때도 자주 있다
그러나 정감에 폭 젖은 눈의 사랑은
거짓이 없다 눈말의 꼭짓점이다

부러움의 대상.

사랑은 죽음

사랑을 주려니
감염되는 병을 주는 것
병을 안 주려니
사랑을 잃는 것

아~, 그래도 사랑을 주자
사랑을 놓칠 순 없다

세월이 흐른 후 그는
면역성을 지니고 있었다

오~ 내 사랑 고맙소
당신이 면역성을 가지고
있지 못했다면 아~,
죽음을 준 것
죽음,
사랑이 아니라 죽음

아니, 그래도 사랑
사랑은 죽음, 죽음은 사랑.

이제 그만하오 외 1편

임제훈

산 언덕 뜨락에
추석을 저들의 명절로
자연은 왼 정력 다 짜내어
지독한 여름 무더위로 견뎌
녹색 잎들 다 펴냈네

산자락 꼭대기까지
법 규칙 안의 자유
멋대로 다 쏟아내
짐승들 발소리 미안해
귀뚜리도 소리 줄였다 하네

문중산 할배 할매
아재 조카까지
음택 웃음 시원해
어디 빈 자리 찾아보는데
할배님 어딘들 어떻노

명당 자리
사방 두리번거리니
금성, 목성, 수성, 토성 자리도
저쯤 보이는데
할배, 할매님 자리 밑 제일이네

명당자리 앙가슴에 안고
숱한 세월 감추느라
명풍수들 옷자락에 숨기느라
나무 풀들 키우느라
태운 애 얼마나 많았나

젖가슴까지 풀 키우랴
가지 넝쿨 빈틈 막으랴
영장들이여!
명산 음택 짓지 말자
정승, 판서 이제 다 끝났잖아.

모두 버리고

어둑살 도둑괭이로 설치는
신새벽 고요 속에
주름살 기어다니는
아내의 애기밥 빨면
어깨 머리 보듬어 안고
막내야 막내야 많이 먹어
엄마의 달근한 목소리
물드는 불기[火氣] 약한
참숯 묻어 놓은 화로

아내 떠나보낸 뒤 만난
으슴푸레 서글픈 일흔에
한참 연하긴 해도
험하고 억센 세월 헤치며
악동 남편 일찍 보내고
보따리 이고 밤내 콩 갈고
연탄 이고 밥 팔아
육남매 떠나 보내니
삭신 쑤시고 안 아픈 데 없나네

이제 갈기갈기 찢어진 피걸레
미움도 저쯤 버리고
괴롭고 서럽던 세월도

악착스레 설치던 욕망도
바보같이 흘러만 가는
세월의 여울에 띄워 보내고
주머니 없는 저승옷 입고
감정 필요 없는 연태蓮胎
수목원 갈 때까지
젊음 끓는 신혼으로 살자오.

조약돌 외 1편

장 | 동 | 석

언제나 파도가 몰아쳐도
말없이 떠밀려난 아픔들이
이제 덩어리로 뭉쳐 여물어지고

돌개바람 물보라에 밀리고 끌려
내 무뎌진 몸뚱이가
서해 바닷가에서 모래 백사장으로 떠밀려날 때
보내는 이별에 아쉬움 가득
눈물 흘렸지만
그 꿈이 영글어 내 앞에 던져졌다

아직은 더 여물어져야 하는
더 단단해지고
더 당당해져야 하는
어두운 세상 바닥을 훑고 있지만
언젠가 거센 물살을 가른 몸은 보석이 되리니

서해 바닷가의 거센 해풍에 떠밀려나
물살에 부대끼고 할퀴면서
뭉그러진 몸뚱이는
내 가슴에 박힌 영원한 보배
한 영혼을 위해 세월의 진통을 견디어 온
소중한 진주와도 같다.

소금꽃

언제나
바다가 숨기고 있던 비밀을
햇볕이 키워 낸
저 증오憎惡처럼 단단한 하얀 영혼이
열반의 사리로 굳어
꽃으로 피었다

향기도 없이
모양도 없이
하얀 무채색 그리움으로 피워 선
보석처럼 굳었다

한 알 두 알
눈물이 말라
아주 오래도록 살갗이 타올라
철썩철썩 파도에 쓸리고
죽음으로 거듭나
앙금으로 걸러지는 것들
해풍海風에 졸아든 바다 알갱이가
세월 꽃으로 피었다.

새벽 길 외 1편

장 명 자

검은 하늘에
빛나는 새벽별
반짝반짝 홀로 빛을 발하고 있네

그리운 님 찾아
여기저기 사랑을 살피며
빛을 비추이고 있네

내 님
향긋한 내음을 내뿜는
그 입술에
입맞춤하고 싶어
별은 헤매고 있네

그 별빛 아래
종종걸음하며
내 마음을 별에게 전하고 있네
나 또한
별과 같은 마음이야
별은 내 마음 알까

이 새벽 길
그리움 안고
걸었네.

가을비

늦저녁 비가 내린다
잎새들 하나 둘
아스팔트 위로 나뒹군다

나무는 우산을
준비 못한 채
잎새들을 떠나보낸다

가을비
잎새들은 아무 저항 없이
슬픈 이야기를 만든다

사그락 소리도
감추고
시몬의 찬사도 못 들은 채

사람들의
발밑에
조용히 사그러지는 잎새들

가을비에
예쁜 잎새들
말없이 가버리고 만다.

창틀의 국화꽃 외 1편

장 | 문 | 영

법당 안에
오색 찬연한
옷 걸친 연꽃
번뇌 망상 떨치려
법당 안에 좌선하고

용은 현란하게
용틀임하며 설법한다
수백 년간 수행했으니
성불도 했으리라

시공을 뛰어넘으며
침묵으로
창살에서 참선하는 국화꽃

귀 열어
오랜 세월 설법 들었으니
해탈도 했으련만

중생을 다 건지려는
큰 서원을 세웠을까
아직 문틀을 넘지 못하고 있다.

노송

신이 옮겨 논
외딴섬 위
비바람에 부대끼며
기다림에 목말라
푸른 학으로 서 있는 노송

하얀 소금꽃으로 피어
흰빛 말 토해내는
파도의 서글픈 미소
갈매기가 그의 벗이다

방파제 바위엔
작은 방게들이
거품을 뽀글거리며
삶을 캐느라
분주히 먹거리를 찾는데

일손 놓고
한가로이 쉬고 있는
부둣가 낡은 배
정년퇴임한 지가
꽤 오랜가 보다.

기약 없는 이별 외 1편

장병민

미안해요 미안해
이 험한 세상살이에
네 곁을 지켜주지 못하여

사랑하는 사람
보살펴 주지 못하고
떠나보내는 이 안타까움,

어찌 하리요
만남과 헤어짐이
우리들의 운명인 것을….

보고파라 보고파
멍하니 쳐다보는 먼 하늘
한 세월 넘어 다시 만나랴?!

※2014. 4. 16. 세월호 참사에 부쳐

아휴, 덥다 더위
―2013년 8월 삼복

1
폭염 경보 내린 오후 3시 찜통더위에
시원한 바람 찾아 해변으로 나섰다
비치발리볼 대회,
가리비 조개껍질 양가슴에
키조개껍질 사타구니에
나누어 붙인 구릿빛 아가씨들
알몸 하늘 솟구치네
나 원, 남사스러워서….

2
눈을 돌려 비치파라솔 숲에 드니
뱀인지 용인지 알 수 없는
괴물을 걸머멘 근육질 사내와
아슬아슬한 비키니 아가씨
벌건 대낮인데
입술과 귓불에 날름대는
야누스가 주저리 널리었네
나 참, 부끄러워서….

3
숨이 막혀 허둥지둥 집을 향한
전철 경로석에 앉았다

눈꺼풀이 스르르 감겨 올 때
반바지 사내와 핫팬츠 아가씨
스마트폰에 이어폰 나누어 끼고
시시덕대더니만
쪽하고 입맞춤한다
어쩌나, 눈 감을 수밖에….

4
곤죽되어 집에 도착 TV을 켰다
에구머니나!
K팝 걸그룹들의
짝 벌려 춤이 한창이다
꿈틀꿈틀 요동치는 선정煽情
말초신경 너무 자극해
아이들 볼까 봐 눈 감고 TV를 끈다
아휴, 덥다 더워….

나르시시즘 외 1편

장 영 옥

수선화야,
너 나르시스….

홀로 피어 있어도
고귀하고

여럿이 함께 있어도
한 송이마다
빛나는

황금의
나르시스여!

가련한 착각

이 시대의 타인他人은
인간을 잔인하고 가혹하게 만드는
특질을 소유하고 있다

내게 이런저런 변화를 강요하는 자가 있었다

타인으로 인한 변화가 가능할까?
사람이 변할 수 있으리라 믿고 있다니
어리석기 이를 데 없군

진정한 변화란 말이지
자신의 내면에서 시작되는 거야

물론,
계기를 마련해 줄 수는 있겠지
그 계기를 만들 만큼 본인本人이 대단하다고 생각하나?

그것 참 가련한 착각이군.

나이 들며 변해가는 행복들 외 1편

장 | 인 | 숙

모든 것 다 두고 가야 하는
길목에 와 있음일까
풍요로운 삶의 욕심보다
가볍게 스치는 행복이 중요하다

만원 지하철 안에
자리 잡고 앉아 있는 행복

길을 가다
느닷없는 비에
준비한 우산 받고 걷는 행복

벼르던 김치 맛있게 담가
숙성시키는 행복

떠오르는 보름달
챙겨보는 행복

유모차 안에
두 눈 깜짝이며 방그레 웃는
아기 바라보는 행복

잠이 깬 새벽에

책 읽는 행복

끝물로 계속 아름답게 피는
채송화 바라보는 행복.

쑥국

이른 봄볕에
먼저 나온 어린 쑥을 뜯어
된장 엷게 풀고 소금으로 간한 물을
팔팔 끓이다가
바지락과 송송 썬 파와 함께
쑥을 넣고
숨만 죽인 듯 살짝 끓인 쑥국

온 집안이
쑥국 내음으로 가득

고슬고슬하게 지은 밥을
국에 말아 먹으면
몸 안에 확
퍼지는 것 같은 쑥향

마음은 어느덧
아지랑이 아롱거리는
봄 들판을
행복하게 걷고 있네.

반성하는 6월 외 1편

장 재 관

총검술도 훈련도 제대로 받지 못한 채
용솟음치는 젊음에 애국심이라는 이름으로
적을 맞아 싸우다 산화하신 님들께
사죄하는 마음으로 머리 조아립니다
님들의 장렬하고 숭고한 애국정신이 밑거름 되어
오늘날 우리는 기름진 음식상을 마주하면서
이제는 국기조차 내걸지 않는
게으름뱅이가 되었음이 죄송합니다
이러한 정신이 후세에 내려가면
누군가에 의해 잘못된 교육으로
6월 25일은 남에서 먼저 북침했다고
알고 있지 않을까 참으로 두렵습니다
6월에 국기를 두 번 걸던 때가 언제인지
가물가물한 사실이
정말 목이 메도록 죄송합니다.

구원파

모든 악으로부터 구원받고
갖은 위험으로부터도
구원받는 종파라고 구원파인가
아니면 별 의미 없이 불러지는
한 종파의 명칭인가

그 지도자와 일가와 측근들
처음부터 선과는 거리가 멀더니
자신조차 구하지 못하고
야산을 헤매다 흉측한 시신이 되었으면

그 영혼은 구원을 받아 천국에 갔을까
아니면 지옥으로 갔을까
이승에서도 쉽게 찾지 못한 사람을
다녀와 본 사람 아무도 없는
저승에서인들 어찌 찾을 수 있겠는가
못다 핀 애꿎은 어린 영혼들은
누가 구원하려는가.

산장엔 외 1편

장 찬 영

계곡을 물들이는
갈색 바람에 쌓인 낙엽
바람에 스치는 인적 없는 무메 산골
오두막 굴뚝엔 하얀 연기 피어오르고

오랜 세월 질긴 생명 이어 가는
노파의 신음 소리
바람 소리 차가운데
문풍지 소리의 서러움

질긴 인간의 쓸쓸한 세월
폐허 된 잡초에 묻혀 풀벌레 울음
깊어 가는 밤 가슴 여민다.

한 잎 단풍잎

철든 마음
늦가을 찾아온 손님
켜진 초롱 불빛에 앉아
알록달록 밤새도록 한 잎 두 잎
물들이는 잎새
뿜어내는 장한 너의 자태
붉게 물들이는 밤이어라.

양귀비꽃 외 1편

전│병│철

촛대에 불을 밝힌다
긴 초가 환하게 날개를 펼친다
얇은 손바닥에 빛살이 돋는다

난 향내나 꽃은 모른다
그저 이름만 듣고 알 뿐이다
여인이 양귀비꽃인지
양귀비꽃이 여인인지

혀를 날름대는 뱀
독기 어린 눈으로 노려본다
안으로 뭔가를 숨기고는
덤벼들지 못하게 수문장이다

소형 비행기 한 대 떴다
한동안 세상을 떠들썩하게 했던 무인기다
살며시 내려앉더니 꽃 한 송이 꺾어선
환하게 날아오른다.

송홧가루

덮어씌운다
닥치는 대로 먹어 치운다
단단하고 무른 것 가리지 않고
모른 척 시치미 뗀다

입었던 옷도 벗겨 내리는 손
땀에 전 얼굴에 소금만 태운다
태연스럽게 나돌아다니는 노숙자
똑같은 동거인이다

어느 가문의 자손인고
그렇게 집어삼켰으면
포식을 엄청나게 했을 건데
진즉 배부른 자는 다른 곳에 있으니

욕심과 음흉한 마음만 없으면
침실이야말로 금침인데
어쩌다 그런 놈에게 포섭되어
지울 수 없는 멍에를 안고 가는지.

행복 찾기 외 1편

전 석 홍

미처 몰랐었네
그것이 행복인 줄을
하루치 땀방울 흠뻑 쏟아내고
둥지 들어 도란도란 어둠을 사를 때

지금 발 디딘 여기 이 자리
하찮은 일상에서 흐뭇함을 느낄 때
이 순간이 행복인 것을
뜬구름 잡으러 헤매는 무리들
오늘도 빈 하늘만 찾아 떠도네

가진 것 크든 작든
자리 높든 낮든 아무 상관 없는 일
행복은 언제나
이름표도 색깔도 없이

지금 나 있는 여기
이 순간을 나그네로 서성이고 있네.

희망의 불빛

길을 잃고 어둠 장막 헤매일 때 있었네
그때 희망은 구원의 불빛이었네
가야 할 방향 아득히 비추어 주는

삶의 벼랑길에서 추락했을 때
희망은 날 부축해 주는 지팡이였네
밑바닥에 주저앉은 손목 잡아 세우는

언젠가 이루어지리라
이루어지리라 속삭이며
한 걸음 한 걸음 나아가게 했네

가득한 고뇌의 삶 속에서
굳건히 날 지탱해 주는
희망의 아슴한 불빛

오늘도 흔들리는 불빛 따라 뚜벅뚜벅 걸어가네.

아름다운 귀향 외 1편
―삼천포 박재삼문학관

전 성 경

가난한 소년은
노산 풀밭에 앉아
돌팔매 던지면서 노을빛
갈매기들 잠들 때까지
바다 깊이 눈물의 보석을 심었어라

타향살이 몇몇 해 돌고 돌아
삼천포 그리운 고향 바다에
심어 둔 보석들
추억의 성소 헤매이며
캐었다

아름다운 눈물의 흑진주
별처럼 빛나는 보석들
온 누리에 뿌려 놓고
혼령은 노산 공원 높은 집에
바다와 더불어 영원하리.

가을 연서

신록의 숲에서
나는 다시 찾고 있네
초록빛 그리움 하나

꽃과 이별한 자리마다
열매를 키워 가며 행복한
나무들의 숨은 힘

뿌리 깊이 외로움을
참고 견디어 내었기에
알찬 열매들 눈부신 생명이여.

연꽃을 보며 외 1편

전현하

진흙 속 뿌리박고
받쳐든 하늘이여
세월에 순응하며
삶의 무게 다스리고
한 송이 연꽃을 피워
중생에게 미소 준다

오늘 비록 가는 길이
숨 가쁜 하루라도
가슴속 응어리는
바람결에 날리고
자비의 큰 가슴으로
수면 위에 불 밝힌다

먹구름 비바람을
운명처럼 견디며
수없이 흔들려도
당당하게 서는 오늘
내 안의
잡념을 지우고
연밥으로 익고 있다.

겨울 산

화려한 옷을 벗고
돌아누운 생각 저편

싸늘한 시간만이
산정을 밟고 간다

멧새가
떨군 울음을
속품 깊이 새기면서

마른 낙엽들을
울리고 떠난 바람

벗은 알몸이 누워
눈보라를 부르는가

봄 오는
꿈을 꾸면서
산은 말을 잊었구나.

뒷거울을 보며 외 1편

정 인 환

음료수를 사겠다며
차문을 열고 나간 아내가
뒷거울로 들어가 밖으로 나갔지만
거울 속에서
사람과 차들이 오가는 것을 보며
거울 속과 밖의 세상이 한 공간에서
다르게 공존함을 안다
조금만 기다리면
거울에서 나온 아내는
음료수를 들고 차문을 열 것이다
나는 차 안에 앉아
삼차원의 세계를 투찰한 것인데
할렐루야! 스스로 계셔
천지를 지으시고 주관섭리하시며
사차원의 세계를 통찰하시는
하나님의 실체를 누가 부인하랴
믿음은 바라는 것들의 실상이요
보이지 않는 것들의 증거니
보혜사 성령님이시여!
우리의 영안을 열어
하늘의 영광을 보는 자마다
기이한 빛 가운데 거하게 하사
하늘 자녀이게 하소서.

사랑의 향기

지인을 조문하려고 병원에 당도하니
향긋한 더덕 냄새가 발목을 잡는다
주위를 살피니
노점상이 병원 입구에서
익숙한 솜씨로 껍질을 벗기고 있다
고통 속에 죽어 가면서도
향긋한 냄새를 지천으로 쏟아내는 더덕
인간이 육신의 옷을 벗을 때 발산하는
그 향기는 어떤 것일까?
영안실을 찾으며 조용히 생각해 본다
어떤 죽음은 향기로운 삶으로
애도의 물결이 이어지고
어떤 죽음은 역겨운 삶으로
외면당하고 멸시당하지만
또 어떤 죽음은 사랑의 향기로
온갖 수모와 조롱 속에 죽어 갔어도
고결한 대속의 보혈로
인류를 죽음에서 구원하여
영생의 길로 인도했으니….
사랑의 향기!
그 아름다운 날을 생각하며
내 삶의 모습을 되돌아본다.

빈 화분 외 1편

정 정 순

소망과 사랑 가득
장인의 손길로
멋지게 태어난 화분

어느 봄날 푸른 잎 만나
새 날의 기쁨 기약하며
사랑스런 꽃나무 잘도 키워 내던
햇살 속에 예쁜 화분

거름과 흙을 잘 배합했는데
눈보라가 치는 온실에서
너무 뜨거운 햇살 속에서
제 수명을 다하지 못한 화초

정성껏 물 알맞게 주고
관심과 사랑으로 보살펴 줄 걸
관리 못해 떠난 나무
빈 화분 볼 때마다 속상하다

왜 나무와 화초는 떠났을까
덩그러니 풀만 자라고 있는
인생의 빈 화분.

거무구안 居無求安

동트는 새벽이면
부지런히 몸단장하시고
안팎 살림 챙기시던
민첩하신 할머니

게을리 해서는 안 된다
편안함만을 구하지 말라고 하신
공자님 말씀 실천하며
일을 즐기시던 우리 할머니

웃어른과 오래 함께 생활하니
눈에 익힌 모습
산교육 되었는지
할머님 그 길 따라가네.

가을에게 외 1편

정│종│규

내가 '가을'이라고 가늘게 외치면
입가에 와 번지는 가을 단풍이여
달디단 가을 향기여
내 오늘은 기어이 파란 하늘에 연서 한 장 써
그대에게 보내리.

풀잎 우주

풀잎 하나 꺾지 마라
그것인들 아프지 않겠는가
조추도 오가니
억새꽃 그리워서 울 날 많으리
풀잎 하나 다치게 하지 마라
풀잎에도 흔들리며 아픈 영혼이 있으리.

시의 모습 외 1편

정 진 덕

―바람도 그물에 걸린다,라는 말에 대하여 사람들은
―기다 아니다, 흔한 입씨름으로 서로 줄다리기한다
사실이 ―그렇다면 아니고, 아니라면 그렇기도 한,

바람 부는 날
덜렁덜렁 몸부림치는 그물

그래, 시란 바로 이런 것이야.

상사화

이름 부르기만 해도 가슴 짠해지는
애절한 너

남몰래 숨차도록
눈물겹게 바라보다 끝내 이루지 못할 사랑
가슴에 안고
영영 돌아오지 못할 먼 길 떠나간 우직한 사내
자신의 정열 송두리째 바쳐
오직 꽃 한 송이 사모한 죄

그 자리 무성했던 생, 소멸한 후
한 가닥 긴 꽃대에서
오롯이 피어난 아리따운 눈부신 여인

선혈로 흐르는가
가슴 아픈 분홍빛 순정

차마 말 한마디 전할 수 없는 애끓는 사랑은
저녁 하늘
찬연한 노을로 불타는 그리움.

마중물 외 1편

정│진│희

그대를 만날 수 있다면
물의 단壇이라도 쌓으리
껍질 벗어 투명해지면
차마
죽어도 좋으리
그리워하는 일이
물로 단을 쌓는 일보다 가볍다면
이대로 죽어도 좋으리
순해진 눈으로
순해진 입으로
해연海淵*의
깊은 기억 속에 든
당신을 이끌어
첫 자리에 둔다

떨림의 순간은
맛이 깊구나
그대를 만나러 가는 길
다시
단을 쌓는다면
그리움을 남기지 않으리
남겨져도 가라앉지 않으리.

※해연: 해구, 즉 깊은 바닷속의 움푹 들어간 곳 중에서 특히 깊이 들어간 부분

대변항에서

멸치들이 잡혀 온 것은
전쟁이 아니었으련만
대변은 포로 천지다

멸치를 덮고
멸치를 마시고
멸치를 흔들면
동맥을 타고 멸치 떼들은
휩쓸려 시원하게 흐르다가
강물이 되고
마침내 바다다

멸치를 잡거나
멸치에게 잡히거나
멸치를 먹거나
멸치에게 먹히거나
아무도 눈 돌려주는 이 없는데,
멸치에게 잡혀 온
사람 몇이서
비처럼 쏟아지는 멸치를
받아내고 있다.

부고 외 1편

정│창│운

정열과 꿈이 기세등등하던 젊은 날
부고라는 것은 대수롭지 않게 여겼고
인간의 삶은 영원한 것으로 생각했다

그러나
인간의 나이가 들어 가면서
신문의 부고란을 꼭 읽게 되는데
여러 직업을 가진 사람들이
이 세상을 모두 떠나게 된다는 것을 알게 된다

연령이 칠순을 넘으니
웃음과 반가움이 넘치는 잔칫집보다
마지막 가는 고인을 조문하기 위해
슬픈 장례식장에 가게 된다

그렇게 느리기만 하던 세월이
초고속으로 달리고
인간은 잠시 세상에 나왔다가
영원히 떠나가는 나그넷길이라는 것을 강하게 느낀다

돈이 많고 직위가 높았던 사람들이나
돈이 없고 직위가 낮았던 사람들 모두
죽음에는 예외가 없는 것 같다

오늘 아침 핸드폰에는
부고가 물에 뜨는 부평초같이
애잔하게 뜨고 있다

또 한 인간의 생애가
해야 할 일을 남겨놓은 채
이 세상을 떠나고 있다
남은 사건은 영원히 미결인 채….
이게 바로 우리 인생이었는데.

물은 낮은 곳으로 흘러도

물은 낮은 곳으로 흐르지마는
크고 작은 지류를 만나 뭉쳐
우람한 한줄기 강물이 되어
마지막 큰 바다를 이룬다

오늘도 이어지는 밑바닥 같은
세상일이 힘들고 미미하다고 하나
끈을 놓지 않고 최선을 다하면
분명 보다 아름다운 세상에서 만나 세상의 참된 맛을 느끼게 된다

특등칸을 마다하고
퀴퀴한 악취가 진동하는
3등칸을 택한 슈바이처는
낮은 곳에서 불쌍한 사람들과 만나고
그들의 밑바닥 이야기를 들으며 치료하므로
자신을 낮추므로
명망은 높은 곳에서 빛난다.

호숫가에서 외 1편

정 하 경

산들바람 조금 오고
무늬물결 일다 말다

잔디밭에 팔베개로
없는 듯이 있는 듯이

다 잊고 나래만 편 채
허공에 멎은 학으로.

구름

가이없는 푸른 하늘
구름 한 점 느긋하다

사무치게 그립던 것
미어지게 애닳던 것

세월에 씻기고 씻겨
오늘 저런 모습으로.

그림문자 외 1편

조 기 현

자석字釋으로 그리는
그림문자
풍요로운 유랑의 보리밭
그림 향기
천년의 옥편 그릇
우빙雨氷의 거울처럼
촛불 밝히는
반드러운
미술의 피막皮膜
공생하는 천지창조.

어머니의 밥상

어머니
성체의 음식을
평생토록 주시는
미각의 산수화山水畵
세월 속에
배부른 행복
이태원梨泰院 복사꽃
아리랑 저녁 사랑
따뜻한 행주치마
이불 속에 그리운 합장, 겨울을 녹이고
싱그러운 달빛 정원
어머님의 옛이야기.

또 하나의 생生의 동맥 외 1편

조| 덕| 혜|

알몸 다 드러내고
곤두박질쳐 부서지는 소낙비야

쉽게 다가갈 수 없던
너의 피바다에 감히 뛰어들어
넙죽 엎드렸을 때, 비로소
시커먼 가슴앓이를 헹궈낼 수 있었고
요란한 너의 함성만큼이나
심호흡으로 한 시름 녹아 흐름은
소생의 발돋움인 것을

먹구름 사라진 창공
은빛 가루 뿌리는 하늘 사랑이여

내게 세월이 남아 있는 한
파스텔톤의 미소를 꿈꾸는
작은 날갯짓,
이마저 아직 접을 수 없음은
생존할 수 있고
소생할 수 있는 마지막 남은
또 하나의 생의 동맥이고 싶어서이리.

아름다운 용서는

창틀 구석구석 쌓인 먼지가 많다
내가 용서할 일처럼
내가 용서받을 일처럼,

바람 고요한 날은 도리어,
고운 햇살이 투명한 유리창에 살 부비며
들락날락하는 미소로
나인 양 착각하는 몸짓이 문득 서글플 때 있다

바람 세찬 날은 차라리,
떠돌던 검불들이 내 안구의 수정체에 머물면
비로소,
살점이 뚝 떨어지는 산 조개의 아픔으로
용서할 일
용서받을 일에 몰입하는 시간이 뿌듯할 때 있다

용서할 그릇
용서받을 그릇
나는 정작 얼마나 준비되어 있는가?

아름다운 용서는
아름다운 쌍방통행에서 꽃이 피어 열매 거두니
피해자만도 아닌
가해자만도 아닌.

만고불변의 법칙 외 1편

조│병│서

늙는다는 것 늙어지는 것
세상 사람들아 이 세상 모든 것은
다 늙고 시들어 없어지는 것
그것이 자연의 이치요, 순리요, 섭리로다
늙었다고 너무 서러워 맙시다
세상살이가 인생살이가 모두가
그러한 것을 늙는 것도 젊음과 같이
때가 되니 슬그머니 나도 몰래
찾아오더라 원하든 원치 않든
만고불변의 코스더라
현명하게 젊긴 어려워도
조금만 노력하면 현명하게
늙을 수는 있을 것 같기도 하다네
늙었다고 슬퍼 말고 세상 일을
다 안다고 너무 설치지는 맙시다
지난날을 후회해 봤자 되돌릴 수 없음이요
젊으나 늙으나 실수는 누구나 할 수 있으며
오늘날까지 오래도 써먹었으니 이젠 고맙게
생각하고 너무 억울해하진 맙시다
늙었다 생각 말고 젊은이들이
좋아하고 즐기는 노래라도
함께 즐기며 마음만이라도 젊어 봅시다.

올바른 생각

가난이 무슨 죄냐고 묻는다면
돈 많은 것이 무슨 죄냐고 묻는다면
공부를 않는 것이 무슨 죄냐고 묻는다면
여러분은 어떻게 생각할까요
가난은 죄일까 아닐까 삼일 굶어
도둑질 않는 사람 나와 보라구요
사람은 당장 허기지면 빵을 훔쳐
빈 속을 채울 수밖에 없지요 돈이 없으면
도덕이고 양심이고 체면이고 없으며
돈 많은 것이 무슨 죄냐고 묻는다며
돈 많은 것이 죄가 될 수는 없으나
돈이란 돌고 돌아야 하는 것이 돈인데
돈이 잘 돌아야 공장도 돌고 많은
실업자를 구제해야 사회도 안정되고
활기가 넘치는 살기 좋은 사회가 될 것입니다
돈과 물은 한 군데 오래 두면 썩지요
부익부 빈익빈이 되면 사회가
혼란해집니다 내가 잘되면 안되는
사람이 있고 나에게 많은 돈이 모인다면
그 돈은 남의 호주머니에서 빠져
나와야 됩니다 잘사는 사람이 내가
벌어서 내가 잘사는데 무슨 소리냐고
한다면 그것은 잘못된 생각이요
나만 아는 이기주의 생각일 것입니다.

인연 외 1편

조 성 학

카—톡…
어느 가슴의 시혼詩魂이다
스크린처럼
몰려왔다, 가는 인연
누굴까
여름날 일 없어
하나 둘 지워 나간 전화번호

벨소리/낯설다
푹 빠지다가도
끊어지고 이어지고
시들해지는 게 인연
순간,
시들해진 인연을 찾아
잡초를 뽑아내고
길을 닦아 내일을 기약하자
카—톡….

장승처럼 우두커니

물먹은 달이
팔월의 창밖을
우두커니
쳐다보고 서 있습니다

떠날 채비를 한
먼 여행길이
엄마의 길인 것을,
아들은 장승처럼 우두커니
바라만 보고 서 있습니다

옛날엔
미명未明의 새벽길도
먼저 달리셨는데,
엄마가 먼—길을 떠나신 데도
장승처럼 우두커니
보고 있을 뿐인,
여기 바보 아들이 서 있습니다.

한나절 외 1편

조재화

콩 털고 난 후
콤바인 돌아간 자리
알곡으로
모아 드린 한나절

가을 푸성귀 살 올라
연하나
들밥 곁두리 없어진
동네 골목 조용하고

오토바이 뒤에 실린
새참
세월 감이 무상해도
시장기는 변함 없네

밥상머리
허연 수염 임자님
시래기 된장국
밥맛 돌아 잘 자시니

주름진 아낙의
입가엔
새삼스런 수줍음
미소가 돌아드네.

마추픽추

마추픽추 영혼의 고향
그 뜨겁던 어느 날
성녀로서 떠오르는 생이
온전한 자신을 바쳐야 하는
그 순간
세상에 눈감고 부모님도 형제도
다 놓아야 했다

해맑은 그 깊은 눈
고른 이가 다부지게 물리면서
눈감았던 찰나
어질게 흩어진 건축자재 돌과 바위 가운데
땀 흘리는 육신
힘이 불끈 솟는 역군들 모습도 놓아야 했다

세상살이 열여덟
무엇을 알아 성녀가 되었으며
태양신께 바쳐질 몸이었나
뜨겁고 푸르기만 한 산 정상
태양신전
체읍으로 삼키는 외면한 부모님
차마 볼 수 없네

나른한 잠결에 헤매다 깨는 숲 속
그곳이 어디인가
한두 번이 아닌 그 숲을 왜 헤매는지
하루는 순간이고
일생을 헤매는 그곳은 아련할 뿐

멀고 먼 여정
어떻게라도 꼭 가고 싶었던
마추픽추
금이 가고 틀어진 태양신전
이 신전만 완성되면
성녀로서의 사명을 마치고
결혼할 수 있었던 그때에

이제금 그 신전에 마주 서니
어딘지 모르게 찔리고 아픈 순간
현기증이 팽 돌아 주저앉는다

—한낮의 꿈이라니
태평양을 건너
잠자리 날개 위에 앉아
새 숨결로 돌아오는 하늘 길에서.

플래카드 외 1편

조 정 일

짙고 굵은 색깔로
희망을 편다

쌩쌩 달리는 차에
길 걷는 행인에 호소해 본다

흔들거린 어지러움은 참을 수 있지만
무관심엔 서러움이 북받친다

애타는 마음은 진종일 흐느끼고
간절함은 하늘을 우러러보지만

내지르는 함성은
좀처럼 돌아오지 않는다.

울지 않는 새

한낮 지나고 어스름 찾아와
발끝에 엎드려도
고요를 덮지 못하고 머뭇거립니다

바람이 지나가도
눈이 소복이 쌓여도
매화 피어 눈빛이 파르르 떨어도

보고 싶다 말 한마디
그립다 말 한마디
목젖 아래 머물고 말았습니다

으슥한 밤이 지나
새벽이 오는데도
가슴앓이는 삭을 줄 모르고

허공을 향해 내지르는 소리는
차가운 사색을
데워 주지 못합니다.

행복한 미소 외 1편

조 혜 식

깊은 밤 지새우며
시 한 수 낚으려 허우적이다
시상 하나 언뜻 떠올라
책상머리의 체경에
무심히 이 내 모습 비추어 보니
어느덧 사라져 가는 노을처럼
반백 머리에 야윈 얼굴
거친 피부 목주름 깊네

읊조리고픈 시는
평범한 우리들의 가슴속에
조물주의 심오한 뜻이
대자연의 구석구석마다
삼라만상 펼쳐 있듯
풍부한 감상 잠겨 있어
시상으로 표출되는 기쁨
나도 행복한 미소 지어 볼는지.

교단생활 그리워

구슬땀 많이 흘렸던
내 지난날의 교직생활
맑은 한 조각의 진실한
바른 거울 되고 싶어
반평생 교육에 전념하던
잊지 못할 내 교단생활
많은 세월 흐른 옛 추억
너무 많이 그리워
높고 푸른 하늘 바라본다

의욕에 넘쳤던 젊은 시절
2세의 귀한 보배들 위해
깨우쳐 주려고 손잡아 끌고
덤불 속 장미 향기 맡으려
험한 길 헤치며 앞만 보고
쉬지 않고 달렸던 그 시절
때론 즐거웠고, 때론 괴로웠던 일
너무 많이 그리워
멀리 있는 산 바라본다.

소나무에 기대어 외 1편

지 종 찬

임산부 다리인가,
살 터진 나무등치

태중 아기 버거워
울근불근 핏줄 돋고

휜 허리 펴지를 못해
지팡이 짚고 섰다.

몸 풀고 난 뒤에도
뒷바라지 지치는지

한 덩이 푸른 구름
가슴 한쪽 걸어두고

새도록 겨운 조바심
주름살로 굳어 간다.

밴댕이 속

가슴이 좁아선가, 밴댕이 소갈딱지
삐치고 토라지고 사월의 날씨 같네
어째서 그리 아쉽고
섭섭한 게 많으신가

풍선처럼 부푼 속내 더 채울 게 없어선가
공연히 들뜬 마음 헛바람 때문인가
어느 날 그 밴댕이 속
바다가 있음 알았네

품안에 잠든 아기 어미젖을 돛대 삼아
초롱초롱 별빛 깊은 먼 바다 건너가는
온 세상 다 품고도 남을
알 수 없는
저, 밴댕이 속!

손발 없는 일기 외 1편

진 진 욱

꼭 천만 년 만에 만난 친구 같은
새해 첫 달력과의 포옹에 앞서
지난 한 해의 아쉬운 순간이
너무 허무하여 그동안의 일기들을
대충 뒤적여 본다
따지고 보니 목구멍만 뚫려 있고
손발이 없는

오륙도와 조도 사이를 쉼 없이
느긋하게 드나드는 수많은 화물선들
그들은 날마다 보람된 일을
얼마나 부지런히 했기에
컨테이너마다 빽빽이 채웠을까

나의 일기장은 눈을 비비고 봐도
옳은 건더기 하나 없다
일 년 동안 필름 없는 셔터만 계속
눌렀던 것이다
오늘부턴 벽에 황칠이라도 하여
섣달그믐에는 화물선에 실어야겠다.

언약

타다 남은 불씨는 가라
우리에겐 불 켜진 백열구보다 뜨거운
사랑이 있다
비록 백열구가 뜨겁다 해도 우리에겐
정전停電은 없다
꽃이 아름답기로서니
향기롭기로서니
감히 우리들의 사랑에 비할쏘냐
온통 여기저기서 죽었다는 보도들
죽긴 왜 죽어
천만 년 사랑을 나누며 살 것이지
죽긴 왜 죽어!
사랑이 없는 자者는 멀리 가라
거름무더기 속에서 풍기는 악취
사랑이 없는 자는 그와 같음으로
태양이 삭아 없어지면 끝맺자고
언약한 사랑
나는 태양을 믿는다. 태양도 우릴 위해
쉽사리 삭아 내리지 않을 것임을.

아리랑·1 외 1편

차 경 섭

한여름 무더위도 무서리에 기 꺾이고
가로수 나뭇잎도 물이 들어 떨어지니
달리는 계절의 질서 아름다운 자연이여

노을이 아름다운 석양길을 걸으려니
그늘막 길손들은 바쁜 듯이 간 곳 없고
명주필 펼친 추야에 행궈내는 삭풍이여

자연의 섭리 따라 삼라만상 피고 지니
노을탄 석양에는 작은 새도 바삐 날고
꽃다운 절세가인도 세월 따라 늙어가더라

잠들지 않는 강물 주야장장 춤추기에
뜨고 진 해와 달은 세월 몰라 늙지 않고
한겨울 나뭇가지엔 설화만발 눈부시어라

가진 것 있고 없고 천년 사랑 소망컨만
부덕이 아름다운 조선 여인 옛말 같고
젊음의 호연지기를 꺾어 버린 세월 무정더라.

아리랑 · 2

한시절 시샘을 한 젊음이요 사랑인데
인생도 끝물이라 사랑 마음 식었는지
말없이 흐른 세월에 황혼 인생 덧없어라

여지껏 지극정성 용왕제도 올리련만
연평도 조기 떼는 어디 가고 홍어인지
이 한밤 파도 소리는 울부짖는 여인 같고

기우는 석양빛에 푸른 강물 눈부신데
연두색 진초록은 건듯 불어 간 곳 없고
자연의 풍악이 울린 천고마비 삭풍이여

인생사 어디라도 유아독존 분명 있고
사치와 과소비를 뽐낸 여인 시대련만
인생을 뿌리친 세월 무정하고 야속더라

저 여인 치맛자락 뉘 그리워 펄럭인지
여지껏 속깊은 뜻 너는 몰라 천사다만
불여우 기둥서방은 세월 간 줄 모를레라.

아주 어린 시절의 이야기 외 1편

채 규 판

친구야, 손에 낀 때를 씻어내며
왜 그렇듯 아쉬웠나
서너 살 위 아래도 없이 덤벙대던 개울물에서
아아, 우리는 한두 마리 철새였거니,
친구야, 노을물에도 눈물이 빛났구나

하루내 일 년을 살며
우리들은 꽃이 되고 강이 됐어라
풀포기마다 여무는 내일을 북북 지워대면서
카르르
카르르
날뛰다가
우리는 이제 새가 되었구나

지향도 마지막도 모르는
새가 되었구나,
친구여.

넝마 속에서

누가 이 비수를 뽑을 것인가

훈장처럼 오만한 것도 없지만
피곤한
바람일 것 같다

나동그라진 목숨을 끌고
늘상 기도가 마른
껍데기의 노래

주섬주섬 챙겨든 살림을 바라보면서
풀잎이
풀잎처럼 오열하는
기쁨이고자 한다

높이 치켜든 잔을 채우소서,
함몰하는 시간에
무슨 주문이든 외우게 하소서

깊이 꽂힌 비수의 끝을
뽑은들
힘주어 뽑는다 해도
겨냥할 데라곤 없는

하찮은 반복

잡기장에 적히는
나의 하루의 노동은
그저
낙서구나.

양심의 오염 외 1편

채동규

매연에
오염된 공기가
바람 되어 흘러 퍼지고

산성비에
찌들어진 5월 단풍
낙엽 되어 강물 위에 떨어지네

사람이 버린
썩은 양심 아래
물고기의 주검 허옇게 떠오르고

대기는
온실화 공기 품어
지구의 온난화 가속되어지네

북극의
빙하는 녹아내리고
생태계는 변화되어 가네

이상기후 현상
가뭄, 폭우, 폭설이 내려
지구는 몸살을 앓고 있네

인류는 지구 위해 무엇을 해야 하나.

지구 온난화

인류가 생활하는
굴뚝에서
자동차 배기에서
검은 양심처럼
매연 가스는
대기 중에 뿜어 번진다

화석 연료
타는 곳에
자기만을 생각하는
이기심의 분출처럼
이산화탄소
대기 중에 뿜어 번진다

대기는 숨 못 쉬어
온난화 가중되고
이상기후 현상
지구는 혼란으로 이곳, 저곳에
장마가 퍼붓고
가뭄이 땅을 태운다

북극의
빙산이 녹아내려

바다 수면이 높아지면
육지는 물에 잠기고
생태계는 교란되어
지구는 어떻게 변할는지.

들창 자물통 외 1편

채명호

너 하나 믿고 간다
중책을 맡기는가

두렵고
외로워도
지키는 마음 하나

아무리
찔러 보아라
정조처럼 지킨다.

진달래 사랑

달래고 다스려도
주체 못할 불덩어리

누구의
눈이라도
산불처럼 타올라서
한바탕
비탈 태우고
부질없다 하는가.

황혼의 바다 외 1편

채 수 황

황혼의 노을 속에
갈매기 몇 마리가
어두움을 펴고 지나간다

수평선 너머로
태양이 숨어 가고
붉은 장막 내리며
바다는 부산하기만 하다

노을은 바다를 물들이고
내 마음도 물들이어
황홀함이 넘치는데

바닷속에서는
수많은 어족들이
잠자리를 마련하기 위하여
분주하겠지.

조약돌

바닷가에 하얀 조약돌
쓸쓸한 세월의 지문들이
눈부시다

거친 바다 물톱들이
쓸고 지나가고
겨울 찬바람들이
갈고 지나간다

파도의 톱질 소리와
바람의 맷돌 소리에
귀를 조아린다

묵묵히 견디는 하얀 조약돌
태양의 각문이 쓸쓸하기만 하다.

추수의 계절 외 1편

채 행 무

천고마비 노래 부르며
가을은 오네
들녘 가득 황금물결
맛 풍기는 과수원 길
길에 핀 코스모스 한들한들
산에는 도토리 떨어지는 소리
밤송이 살짝 열며 손짓하네
밭에는 무 배추 김장 준비 서두르고
가을이 익어 가는 소리에
내 마음도 귀도 풍요로워라.

어머님

이번만은 이번만은 하다
하나 둘 세기조차 버거운 딸 일곱에
아들 못 둔 한이 오랏줄 되어
피멍으로 얼룩져 속앓이로 평생 사셨을 어머님
내 나이 팔순, 당신의 그 가슴속 조금은 알 듯합니다

제가 결혼하여 첫 아이가 아들이자
아들 낳았다 아들 낳았다 하시며
당신 품에 안아
금자동아 옥자동아 첩첩산중 보배동아
은을 주면 너를 살까 금을 준들 너를 살까 하시던 당신의 음성이
지금도 또렷한 것은
분명 당신의 애절한 이유였기 때문입니다

당신의 숙원인 양
온갖 치성으로 절실하게 정을 쏟았던 그 첫 아이가
이제 환갑이 다 되어 가고 당신과 사별한 지 수십 년 지났지만
당신의 엷은 슬픔이 눈에 또렷하답니다.

우이동 둘레길

최 광 호

이 겨레의 가슴속
한많은 사연을 안고
어두운 밤 바람이 불어도
체념할 수 없는 정한情恨으로
수난의 폭풍도 두렵지 않았던 조상들에게
나는 지금 부끄러운 마음에 고개 숙여
3·1정신으로 다시금 반성해 본다

눈보라 속에서도
꽃 피는 봄이 온다는 것을
기다리며 이 겨레는
인내의 힘으로
무거운 시련의 계절 이겨내야 한다

언젠가는 화산처럼 터질 아픈 역사
우이동 둘레길을 거닐며
3·1운동의 발생지
손병희 선생의 무덤을 바라본다.

이름 없는 시인이 되어 외 1편

최｜낙｜준

거기 두고 온
자그만 고향에 돌아가
흙을 만지고
풀, 나무더러 얘기하며
가을밤에는
별들을 불러 놓고
별이라 부르면서
나는 이름 없는 시인이 되어
바람이 스치는 길섶에서
잡초처럼 살리라….

이제
내 늙어 향촌에 돌아가
슬레이트 지붕에 박넝쿨 놓고
귀뚜라미 불러 모아
밤마다 옛 생각에 흐르고
서리 내리는 가을밤도
나는 이름 없는 시인이 되어
낙엽 뒹구는 계절도
억새풀처럼 그렇게만 살리라….

후회

풀잎에 이슬 같은 만남인 것을
서해 바다 제부도에
해무海霧만도 못한 연戀을
전생이 어떻다며
고결하게 받아놓고

그 만남이
이제야 아픔인 줄 알았던가?
그리움이 눈처럼 쌓여도
만나면 스르륵 녹아 흐르고
헤어지면 댓잎처럼 쌓이는 허탈

발자취 남긴 곳에 가을이 오면
만산萬山이 붉게 타는
계절이 들면 낙엽 지는 그 길을
다시 갈 수 있을까?

알알이 박힌 가슴
하얀 밤 지새우며
시간의 꽃잎 속에
미련만 남았는가?

노을에 붓을 적셔 보아도

그대에게로 가는
편지 한 줄 쓸 수 없구나
사랑을 배우기 전
미워하는 법도 먼저 익혀둘 것을….

추경산조秋景散調 외 1편

최모경

늦가을 억새꽃
휘휘로울 때
흰 머리면 어떠랴

황금들 갈바람 일어
뜨—건
햇빛이면 어떠랴

비낀 햇살에 타는 잎
그 요염
또 어떤가.

비설 飛雪

어떤 붓질이더냐
가슴 서늘한

꽃이로구나
누군가 버리는
화관이로다

허공에 문질러는
그 호연이
무아로구나

언젠가 내가 화선의 이치를
깨닫는다면
너를 모방하리라.

바람 외 1편

최 법 매

우리는
누구를 위하여
그토록 기뻐하고 춤을 추고 노래를 하였는가

우리는
누구를 위하여
그토록 슬퍼하고 눈물을 흘리었는가

봄의 햇살은 너무나 따사로운데
산들한 바람은 바늘이 되어
피부를 찌르고
호랑나비 되어 날아가네.

농부의 꿈

부엉이 구슬피 우는 밤
멧새들도 고이 잠들고
하늘은 이야기꽃으로 강을 이루네

매운 바람은 사지를 흔들고
가슴은 가시나무 물결이 되어
그림자 없는 길을 따라 등선을 오르네

시커먼 밤은 봄바람을 머금고
실비단 햇살은 나락(벼)이 되어
은하 999를 이루고
농부는 탁배기 한 사발에 꿈이 영글고.

왜 그렇습니까? 외 1편

최｜송｜량

인당수印塘水에 공양미가 된 요즘 심청沈淸이
효심孝心은 벌써 정형외과에 갔다 왔다고
온 세상에 소문이 파도치고 있고요

또 놀부는 새 흥부네 집에
제비 다리 부러뜨려 갖고 와서
돈 타령 부동산 타령 팔자 타령 늘어 놓고 갔다는데요

신 춘향이 삼수三修 했던 날
하객으로 찾아온 몽룡이 만나서 생이별하고요

코끼리와 고래까지 강남 스타일로
싸이하고 말춤 추고

주식酒食을 너무 사랑하다가
당뇨, 고혈압, 심부전증에 걸려서도
돈밭에서 지화지대본紙貨之大本을 찾고 있는 세상

온종일 특수 훈련 받고 와서도
필생必生이 즉사則死 아직도 모르고

오늘도 할렐루야 나무관세음보살 하고 있는데요
못 말리는 무심無心 하나님도 마음 먹었나 보지예.

웃음은 안 보이고

소나무엔 참말로 소(牛)가 열지 않고
칼국수 속에는 시퍼런 칼이 없다지예

빵들 속에서 노는 붕어를 먹다가
노랑 노랑 익은 붕어 뱃속의
달콤한 고물 맛을 마음으로 읽었는데요

저 인간들 뱃속에는 도대체 무엇이 들어 있을까요
이 사람들 머릿속에도 또 무슨 꿈을 꾸고 있을까요

시꺼먼 지혜도 아니고 뜨거운 음모도 아닌
앞이 딱 안 보이는 새치기, 허기, 속이기만 보이네요

아무리 두 눈 뜨고 찾아도 맑은 웃음은 안 보이고
제대로 보이는 것은 오직 절망뿐인데

이제는 가고 싶지 않은 화장장에나 가서
저승 가는 편한 길이나 알아볼래요

나무관세음보살.

난마 앞에서 외 1편

최 승 범

편의주의 생각들
좀더 멀리하고

가리매 타보는
슬기 없을까

뒤얽힌
난마 앞에서

오도카니
되어 있네.

사는 연습

평생 할밖에
사는 연습은

아파도 견딜만
살고 있지 않은가

허드렛
말 버리시고

사는 연습
하시라우.

그해 봄

최 완 욱

세월과 함께
멈춰 선 그들이 있다

흐르는 것이라곤
팽목항의 노란 띠 물결과
시대의 모순을 말하는 아비의 눈물뿐

그렇게
2014년 4월의 봄은,
그들과 함께 멈춰 서 있다

노란 조등弔燈 달고
마음 미어지게
그리움 안고 흐르고 있었다.

가을 길 외 1편

최 유 진

은행잎 보료 위에
산새 소리가 깔린다

시냇물엔
낮달이 머릴 헹구고
구만리 장천엔
머언 기러기 울음

어디론가
떠나가고 싶은
만추의 이 가을 길

저토록 푸른 하늘을
우러러볼 수 있음이
얼마나 행복한 일인가
아! 드리우는 향연
차라리 눈을 감으렴.

지금 목련이 핀다

하늘이 수묵담채화를 그리나 보다
밑그림으로 그려 놓은
목련 가지에 꽃잎을 틔운다
숨죽이고 있어야 한다
부정不淨 타면 그림을 망친다

나는 입에 자물쇠를 채우고
화선지 위에 따라 그린다
조금씩 아주 조금씩
드디어 꽃망울이 번다

조용하던 우리 집 정원이
술렁이기 시작한다
고운 눈빛의 감성感性 하나
나의 가슴으로 날아 내리면
아, 내 가슴에도 꽃이 핀다
목련이 핀다.

홀로 가는 길 외 1편

최 정 순

어느 닭 울던 날 새벽
빈손 울음 터트리며 세상 움켜쥐고
종달새 짝 찾아 하늘 교감하는 벌판 넘어
독사 대가리 치켜들어 독 품는 골짜기 지나
벌 나비 향기롭게 춤추는 장미 정원 가로질러
달 별 꽁꽁 어는 극지방 어둠 서성이다
지천명 고개 허위허위 올라 보니
저 멀리 이순 고개 운무雲霧 쌓여 아득한데
바위 달린 곽곽한 무거운 발걸음
오르다 뒤돌아보니 외로움만 길게 누워 있네
진애塵埃 고개마다 돌아보면 혼자인데
폭풍한설 사지 동강나며 위태위태 걸어온 길
저 고개는 또, 누구와 함께 갈까.

그리움 · 1

당신이 어느 날
뜬금없이 잊으라기에
먹구름 되어
찌푸린 하늘 떠다니다
시뻘건 바다에 풍덩 빠져

망각의 벌판
차가운 별무리 가득하고
인정 없는 기억들만 가혹한데
날마다 눈 뜨는 그리움 어쩌지 못해

당신의 굳게 닫힌 문
다가서다 무서움에 오그라들고
잊기 위해 골백번 악무는 어금니
조금도 그립지 않다 속다짐

당신을 하루에 한 줌씩 버리고
그도 안 되면 반 줌씩 버리다
그것도 안 되면 그냥 쌓아 두지요

쌓고 쌓다 보면
썩는 날도 올 겁니다.

한강의 물길 외 1편

최 홍 규

태백산에서 발원하여 임계 아우라지 정선
영월 충주 여주를 지나는 남한강
금강산에서 발원하여 춘천 소양강을 지나는 북한강
산기슭을 굽이굽이 돌며 지천을 모아 물길을 넓혀
두 강이 양수리에서 만나 큰 강이 되어 팔당댐을 지나
서울 한복판을 거쳐 한강의 물길 천리 황해에 이른다
수억년 세월을 하루같이 흐르는 아리수 한강

그 옛날 남한강 상류에서 띄운 소나무 뗏목이
서울 마포나루에 닿아 경복궁 건축 목재로 쓰였고
내가 유년 시절 싸리나무로 엮어 만든 갈잎배가
한강의 물길 따라 뚝섬이나 노들 강변에 닿으면
서울 아이들이 보고서 신기하다고 놀랐겠지
한강 개발사업으로 댐과 보를 만들어서
이제는 뗏목도 갈잎배도 물길 따라갈 수 없네

한반도에서 사람이 한강 물길 따라 살기 시작했고
물고기와 온갖 동식물의 풍요롭고 정겨운 보금자리
겨레의 얼이 깃들고 나라의 혼이 밴 큰 강 한강
도전과 끈기로 이룬 창조의 역사와 문화가
오늘도 내일도 한강의 물길 따라 유유히 흐른다
한강 물은 인구 이천만 명이 먹고 살아가는 생명수
한강의 물길 따라 인정이 흐르고 사랑도 흐른다.

봄나들이

한국어 '봄' 에는 원기, 활력 등 뜻이 수사적이지만
영어 'spring' 에는 발생, 샘, 비약, 탄력 등의 뜻이
사전적 의미로 널리 문장 속에서 쓰인다
나는 마음의 탄력을 얻으려고
만물이 겨울잠에서 깨어난다는 경칩驚蟄날
서울은 아직 춘래불사춘春來不似春이지만
날 풀린 남녘 전라남도 강진 백련사로
동백꽃 보러 봄나들이 갔었다

벌써 많은 동백이 꽃망울을 터트리고
동백꽃은 봄의 전령으로 튀어나오고 뛰어오른다
천오백 그루가 넘는 동백나무 숲이다
숲 전체가 천연기념물 151호란다
일주문을 지나니 꼬불꼬불한 비탈길에
가득한 동백나무 숲에서 빨간 꽃이
나그네의 마음을 달뜨게 하는구나
비탈길에서 샛길로 빠지니 숲 한복판이다

동백꽃을 보니 엘레지 여왕 이미자 음악가
다산초당 앞을 지나니 정약용 선생이 생각난다
동백은 보통 꽃과 다르게 모가지가
뚝 부러져 꽃송이째 떨어지기 때문에
멍이 들지만 붉은빛이 눈부시도록 처연하다

한 달 후 무더기로 떨어진 붉고 고운
꽃길을 따라 한갓하게 다시 걸어보고 싶다
그 찬란한 슬픔의 꽃길에서 그리움에 지쳐야지

강진 시내 식당가에서
달래, 냉이, 시금치로 차려진 식탁에 앉으니
봄내음이 물씬 시각과 후각을 자극한다
식당 앞 양지바른 언덕이 파르라니 물들고
봄이 오고 봄날이 와서 "봄이다"고 뇌어 본다
귀갓길 차창 밖을 보니 아지랑이 피어나고
내 마음 나도 모르게 슬픔이 피어나니
이번 봄나들이는 센티멘탈 저니.

아소만의 눈빛 외 1편
— 가네다성에서

추 경 희

1300년 전
아소만이 품고 있는 대마도에는
바닥을 치고 튀어나온 성산이 있었고
일본은 대륙의 침공을 우려해
해발 276m에 가네다성을 쌓았다

2014년 3월 21일
나는
성벽만 남아 있는 성터를 뒤적이고 있다
어디서 본 듯한
돌이끼 진한 성돌을 만지며
오래전 백제인의 숨소리를 듣고 싶었다

멋진 트레킹 코스
서너 개의 성문을 지나 산 정상에 오르면
고대와 현대를 다 알고 있는
아소만이 눈 아래 있다

나도 모르게
잠깐 눈을 감았다
칼칼한 바다 냄새가 느껴진다.

감기

냉장고 문을 습관처럼 지배하던 내 식욕
휘파람 소리를 듣던
어느 날 밤

넘쳐나던 먹거리 대신
미궁 속을 헤집는 오열 소리를
얼음주머니에 말아서
싸늘하게 식어 버린 내 목울대의 길목
그 캄캄한 떨림을 감지하고 있다

오묘한 소리는
돌아누울 때마다
환청인지 유령의 웃음소리인지
살갗을 찔러대는 주사바늘 소리를
귀신처럼 흉내내고 있다

문득, 시계추 소리가 들린다
그때마다 찰칵찰칵 목울대 꺾이는 소리는
흥건해진 얼음주머니의 온도처럼
첫 닭의 울음소리를 기다린다.

꿈속의 당신 외 1편

편|문

지난밤 꿈에 당신이 보였습니다

지지난 날들의 꿈에
늘 시린 모습으로 나의 풍경으로 들어와
아린 여운만 남겨두고 떠났지요
어둠이 남아 있는 새벽이 와도
가슴에 남아 있는 아린 여운은 깊게 남겨졌지요

그런데
어젯밤 당신의 모습은
부드럽고 따뜻한 미소를 담고 있었지요
잠에서 돌아와 어둠이 걷히는 창가를 보며
아직 가슴에 남아 있는 따스한 온기를 음미했지요

긴 동면의 세월,
이젠 미움이 따스함 속에 녹았나 봅니다
해동이 와도 녹지 않았던 아픔의 시간이
세월 따라 바래어 가는가 봅니다

이젠, 미움의 끈을 놓아 버리자
바람 없이 사는 것도 괜찮으리라
언제인가, 기다리는 끝은 기약 없어도
가슴 따뜻한 마음이 있어
나는 행복합니다.

버려진 시간

시간을 놓쳐 버리고
어두운 골목을 서성이는 그림자 하나

어디에도 쉴 자리를 잃어버린
지나 버린 끝자락 마을

눈 내리고 비 내리고
온통 젖어 시어 버린 육신의 냄새

잊고 사는 무표정의 타인
이유도 묻지 않은 채 자릴 비워 주고

모든 기억을 하얀 백지로 덮고
아무것도 간직하지 않은 모습으로

여전히 잃어버리고 잊어버리고
백지에서 빛바랜 백지로 시간을 놓아 두고

서성이는 그림자 없는 일상
그림자로 바닥을 따라 헤매고 있다

나를 버린, 내가 버린
나와 나의 그림자들

멈추어진 그 자리가 어쩌면
없는 내 자리일까.

2월의 어느 날 외 1편

하 성 용

2월 한낮 따사로움에
겨울 잠자는 내 등을
살살 간질이며
나들이 가자고 꼬드긴다

장막을 치고 움츠리며
완강히 거부하고
돌아누우며 발버둥치니

털외투 벗어 던지고
시간과 공간을 넘어
찾아오는 사랑의 메시지는
거부할 수 없는 고통이 되어
내 속을 후리니

부실한 몸을 이끌고
답답함에
꽉 메인 가슴을 헤치고
모든 것을 내려놓고 동참하니
방긋이 포옹하여 맞아 준다.

꽃샘추위 2014

봄바람 살살 불더니
동장군이 은근히 시샘하여
눈 소식 전하며
살얼음판으로 만든다

버들개지의 합창도
송사리들의 숨바꼭질도
춘설로 발목을 붙잡고

소매를 파고드는 차가움에
어깨는 움츠러들어
경직되어 버린
심신마저 지쳐 가는데

방망이질 치는 가슴은
봄 내음이 난다.

실명제 보시 외 1편

하 순 명

누구나 세월 따라 옷을 갈아입는다
실명제 헌금, 실명제 시주
이제는 신용카드 보시라니
쓰다듬고 눈물 닦아 주신 큰 자비 한 가슴
인터넷도 배워야 사는 이 시대의 부처님들

댕그렁댕그렁 범종이 큰 소리로 울고 간다
마음 베풂 훈훈하게
눈빛 베풂 따스하게
표정 베풂 온화하게
말씀 베풂 더욱 곱게 하라고

매순간 끙끙대며
입으로 몸으로 짓는 업장 만 리
멀고 먼 지혜의 언덕은 아직도 가물가물

오늘 다사로운 불전佛前에 무릎 꿇고
햇살 한 줌으로
과장된 나의 감상을 말리고 있다.

초록 피

계절은
부푼 혈관을 타고 통증으로 온다

언제부턴가
식탁 한 자리를 차지한
비타민, 칼슘, 오메가3, 글루코사민, 아로나민골드

저것들로
초록 피를 대신할 수 있을까
대신하여 한 계절을 넘길 수 있을까

연두에서 초록으로 숨차 오르는
오월을 다시 부른다.

향천사 香泉寺 외 1편

한 경 구

의자왕이 연연하시던
백제에의 애착일랑
가득한 세월 속으로 사무쳤느니

이로부터
금가마귀 뒤쫓던 향천고을에
의각화상의 넋을 빌어
마침내 성불하였거니

그러나
천추의 불사가
오늘을 이어 오기까지
민망한 긍지에 이르러

이제
향천사 대웅전에는
속세의 혼탁에 가리워
어찌 한을 삼으랴만

여기 대자대비하신
불타의 불안한 안위를 어찌하오리까.

절대의미 絶對意味

황조롱이가 넓은 하늘을 날아도
그 둥지는 다만 비좁은 대로
대자대비하신 불타와
너의 지대하신 하느님 여호와께서도
그리고
샤머니즘의 춤추는 무녀에게조차
그 비좁은 둥지 때문에
함께 아우성되어 있다
낮이나 밤이나 분망해가는 오늘
그러나
과학자로만 한할 수 없는 이 세상에
어떤 명예스러운 조건처럼
예술지상주의자와
극단의 무신론자에게도

또한
멀리 창조주로부터
그의 말단 사용자에 이르기까지
모두 거부될 수 없는 진리를 영속한다

우리가 우리를 지배해야 한다면
우리는 스스로 지배되는 까닭에
그러므로

우리들의 절대영역을 활여받기까지
우리는 얼마나 헛되이 소모되랴

그리하여
인생은 그리 나약한 것인지 모른다
그토록 고독해야 하는지도 모른다.

새벽 삳바 외 1편

한 범 수

깔딱고개
넘는 것도 아니련만
새벽 삳바 잡으며

언덕 넘어
어제 가고 그제 가던
그 길을 가니

날이 가고 달이 가고
어제 그 시간
반백이라.

나는

돌 하나
풀 한 포기

하늘 그리고
땅

바람에 쓰러지는 풀
발에 차이는 돌

허투루 볼 일
하나도 없는 세상살이

나는

오늘도
숨 쉬고 있다.

회상 외 1편

한 승 민

지하철 청량리 돌계단을 오르며
문득 아래를 보니 하늘색 한복 차림
할머니의 잔상이 아련하네

턱까지 숨차도 손자가 눈치 챌까
옅은 웃음으로 치어다보시네

서울살이 아들 손자 대견해
기차 타고 전철 타고 계단 오르시고

지하에서 올라오니 꼬리 문 차들
대체 이런 곳에서 바르게 잘도 섰다

고향 집 대추나무보다 더 단단한 모습
이제 서울은 아들 손자가 사는 곳이네

이렇게 고향은 또 생겨난다
손자, 손녀는 서울이 고향이 되네….

구형 중형차

아파트 주차장에 낯선 구형 중형차
외지 손님인 줄 알았는데 오늘도 그대로다

단지의 불빛들이 희끄무레 비치는 저녁
주차장 한 편에서 맨손 체조하는 사람

이른 아침 주차장에 또 그 모습이 보인다
아, 그는 얼마 전까지 새벽 출근하던 사람

이제 그에게 새벽과 저녁은 체조 시간이다
'출근'과 '퇴근'이 남의 이야기가 되어 간다

일주일 내내 제자리에 망부석이 되어 버린
낯선 구형 중형차 점점 눈에 익숙해져 간다

고물상에서 외 1편

한 재 만

 빛이 들지 않는 한쪽 벽면에 빼곡히 직립한 서적들을 한숨한 숨 뽑아 눕혀 누렁개 모가지를 묶어 질질 끌듯 동네 구석진 고물상으로 갔네

 오래된 서적들이 주인을 닮듯 뽀얀 속살을 누렇게 들뜬 살비듬으로 햇살에 흩날렸고,

 아직도 침이 채 마르지 않았다고 우기지만 껌 한 개 바꿀 수 없는 권당 10원짜리 파지가 되었으나 그래도 문전마다 홀대받아 오갈 데 없는 주인보다는 형편이 좋았네

 연신 퉤퉤 침을 튀기는 고물상 아줌마의 얼굴처럼 쭈그러진 8천 4백 원을 받아 숨통을 죄듯 황급히 뒷주머니에 쿡쿡 쑤셔 넣으며,

 경계 너머 돌아누운 서적들을 주인은 흘깃흘깃 훔쳐보며 아주 오래도록 서성거렸네.

이정표 앞에서

죽음은 흰눈처럼 매력적일 것이라고
느낌표를 찍다가 말고

어느 전설의 화석처럼
사진 속
무수히 앞선 발자국에 멈춘다

잔뜩 날선
먼 길의 만년설 바람은
내 영혼을 갈기갈기 찢어 날리고,

현실을 뛰어넘는 시간을 달래며
피츠로이산* 이정표의 냉혹 앞에서
길을 더듬는다

나는 어디에서 왔는가

※ 칠레와 아르헨티나의 국경을 이루며 날카로운 암봉에 빙하로 뒤덮혀 있는 높이 3,375m로 찰텔산이라고도 부른다.

낙엽 외 1편

한 정 숙

한 치 더 자란 가지에서
푸르른 녹음 되었던
한 해의 보람을 다하고

눈물 같은 가을비가
지나가고 나면
잎새는 붉어지고
떠날 기약은
가까워 온다

물든 새 옷일랑
수의로 입고
이승보다 더 좋은 데로
옮겨 가리라

바람이 부는 대로
계절의 섭리대로
짐 벗어 가벼운 길을
휘어이 휘어이 떠나는
한 잎 낙엽이고 싶다.

일몰

해가 진다
다시 맞이할 수 없는
아까운 하루가 속절없이 무너진다
해처럼 밝게 살았어야 했는데
빛나게 해 놓은 일 하나 없이
일상에 찌든 부끄러운 모습
의미 없이 떠나 보내는
딱한 그림자 하나.

짝사랑 외 1편

홍｜계｜숙

시詩는 사랑이다
바라보기만 해도
숨 막히는 사랑이다

밤새도록 껴안고 뒹굴어도
마음 주지 않는
냉정하고 쌀쌀맞은 사랑이다
자존심 굽히고 다가가도
외면하고 돌아눕는
안타까운 짝사랑이다

살아생전
그 품에 안기고 싶어
몸부림치는 나는
날마다 상사병 앓는 시인이다.

문상

새 보금자리 이삿짐, 싸는데
그리 긴 시간이 필요하셨던가요
동그란 반점, 저승꽃 피도록
꼼꼼하게 챙기셨으니
두고 가시는 건 없을 줄 알았더니
환하게 웃는 미소
창백한 국화꽃 속에 남겨두고 가셨네요

더러 향불 피우는 이들도 있지만
미소 짓는 눈동자 매울 것 같아서
편안히 가시기만 기도드립니다.

너에게 줄 수 있는 것은 외 1편

홍병선

너에게 줄 수 있는 것은
이제 아무것도 없다
변할 수 없는 내 마음과
진심으로 사랑해 주는 것 말고는
아무것도 해줄 것이 없다
그것 말고는 그것 말고는
아무리 찾아봐도 해줄 게 없다
해줄 수 있는 능력마저
멀리 떠나가고 말았으니
이제 내가 할 수 있는 것은
변함없이 사랑하면서
진하고 간절한 기도 말고는
아무것도 없다
정말 아무것도 없다
서글프다
그래서 서글프다.

바람에게

어디서 무엇을 보고 왔기에
밤을 새워 가면서
창문을 흔들고 흐느끼는 것이냐

어디서 무슨 일이 있었기에
아무것이나 부여잡고
몸부림을 치고 있는 것이냐

많은 상처들을 만들어 놓고
미친 듯이 떠돌다가
또 어디로 달려가는 것이냐

흐느끼다 몸부림을 치다가
자취 없이 가버렸으니
아무것도 알 수가 없지 않느냐.

손돌공묘孫乭公墓※를 찾아 외 1편

홍 영 표

임금님 배로 모셔
달리는 갑비고차

사나운 물살 앞에
목숨이 끊기지만

뒤웅박 띄워 놓고서
뒤따르라 재촉해.

※손돌공묘는 경기도 김포시 대곶면 신안리에 있으며, 고려 고종 19년 강화 천도 시 강화 손돌목의 선상에서 처형된 손돌공의 유택이다.

상로재霜露齋*에서

어버이 받들기를
마땅히 힘 다하고

나랏일 주어질 땐
목숨을 맡겼었네

그리고 겨를 있을 땐
젊은님네 가르쳐.

※상로재는 전남 나주시 반남면 홍덕리에 있는 고려 말 충신 박상충을 추모하는 재실이다.

아침 햇살 되어 외 1편

홍 원 선

당진 왜목마을
아침 햇살 되어

밤의 무게 떨구고
어둡고 칙칙한 괴로움 벗고
새날 새 아침 일어나
하늘을 우러러 살아가리

예수님 종으로
이 땅의 사명자로
주님의 뜻 짊어지고
이 땅을 갈며 씨앗의 아픔을 안고
꽃 피울 아침 햇살 되리

하나님! 함께 하옵소서
이 눈과 귀가 밝아서

한 줌 흙에서
한 올 바람결에서
한 점 구름에서
주님을 만나게 하옵소서

새 아침 피와 살을 바쳐

주님의 아침 비롯되어
서울 목동 온누리교회 성장 발전 위하여
역사와 인생의 더러운 부분에
햇살 비추는 기독인 되게 하소서.

기다림의 사람들

인생은 기다림입니다

우리는 기다림으로
서로 만납니다

기다림으로 생명이 태어납니다
기다림으로 자라고
기다림으로 성숙하고
기다림으로 드디어 사람이 됩니다

기다림으로 인생에 꽃이 피고
기다림으로 인생에 열매 맺고
기다림으로 인생에 길이 열리고
기다림으로 새로운 세계로 나아갑니다

인생에 기다림이 없다면 살았으나 죽은 것입니다
일생을 기다리며 사는 것입니다

기독교는 기다림의 신앙
우리는 하나님을 기다립니다
주님의 약속을 믿고 기다립니다
예수께서 나의 주로 임하심을 기다립니다
하나님의 사람들은 한결같이 기다림의 대가들입니다.

산을 오르며 외 1편

황 | 정 | 옥

원하는 대로
욕심껏 말없이
메마르게 삼켜 버렸다

뒤틀린 욕망의 허상들
복통으로 배를 움켜쥔 채
숨을 고르며 산을 오른다

오색 붉은 단풍길
바람이 지나는 갈대숲에
출렁이는 은빛 물결

좁은 길을 걷다
탓없이 어깨를 내어주며
함박꽃처럼 환하게 웃는 사람들

올라와 보니 알겠다
채우지 못한 욕망의 허기
삼킬수록 통증만 더할 뿐

내려다보니 알겠다
내어줄수록 가득 차오르는
비움의 원리를.

추억은 꽃처럼 향기롭다

아카시아꽃 향기 수놓은
시냇가 수풀에서 뛰놀다
흠뻑 적신 바짓가랑에 혼쭐나도
마냥 행복했다

키다리 코스모스 꽃망울 터지는
손톱 위 아름다운 꽃밭 나라
따가운 햇살의 초대장에 속이 울렁대도
마냥 행복했다

흙먼지 날리는 비포장도로
달리는 삼륜 자동차 뒤를 따라
신나게 달음박질하다
하늘 향해 깔깔대던 하얀 웃음

허리에 동여맨 보자기 책가방
낡은 고무신을 신어도 마냥 행복했던
어린 시절 달콤한 추억의 길은
꽃처럼 향기롭다.

길 외 1편

황|창|순

세상의 길은 수없이 많다

하늘, 바다, 산속,
이정표가 보이지 않는
끝없이 이어진 길
많은 이야기 안고 간다

수채화를 풀어놓듯
시어를 다듬는 외로운 길

숨 가쁘게 걸어온 많은 날들
디딤돌 딛듯 이젠
조심스럽게 두드리며 간다.

석류

부끄러운
속살 누가 볼까
동그랗게 모은 가슴

터질 듯 부풀어
오른 만삭의 몸
진홍빛 가슴 열어
핏빛으로 톡 톡
분신을 잉태한다

알알이 비밀
감추지 못한
어미의 심장

석양 물들이듯
붉게 타들어 간다.

한국시인연대상 운영에 관한 세칙
한국시인연대 제12대 임원 명단

한국시인연대상 운영에 관한 세칙

1. 시상 일시
   본상은 매년 1회 5월에 시상하는 것을 원칙으로 한다.

2. 심사위원
   ①본상의 심사위원은 6인 이내로 구성한다.
   ②당해년도의 본 협회 회장단 및 사무국장은 심사위원이 될 수 없다.
   ③심사위원은 회장단과 사무국장의 협의를 거쳐 회장이 위촉하며 수상자 결정까지 그 명단을 공개하지 않는다.

3. 수상 후보자
   ①수상 후보자는 문단 등단 10년 이상인 분으로서 심사 대상 기간 중 창작 시집을 간행한 분을 대상으로 한다.
   ②본상을 수상했던 분은 다시 수상 후보자가 될 수 없다.

4. 수상 대상 기간
   기간은 각년도 1월부터 12월까지 1년 동안으로 한다.

5. 수상자 선정
   ①수상자는 약간 명으로 한다.
   ②수상자는 심사위원 전원의 합의에 의해 결정하며 합의되지 못할 때에는 다수결로 할 수 있다.

6. 시상
   수상자에게는 본협회 소정의 상품과 상패를 수여한다.

7. 기타
   본 세칙은 1993년도부터 시행한다.

(사)한국시인연대 제12대 임원 명단

회　　장　우성영

고　　문　최승범, 채규판, 김근숙, 유자효,
　　　　　이진석, 오칠선, 정하경, 김정희,
　　　　　최송량, 박근모, 최광호

부 회 장　김성일
　　　　　박현조
　　　　　이근모

중앙위원　권영주, 박건웅,
　　　　　이명우, 징칭운

이　　사　공정식, 박상교, 朴英淑,
　　　　　선중관, 손수여, 오세정,
　　　　　유경환, 이한식, 정진희,
　　　　　최홍규, 홍계숙

한강과 더불다

초판발행/ 2015년 3월 25일
지은이/ (사)한국시인연대 우성영 외
펴낸이/ 김명덕
펴낸곳/ 한깅출판시
홈페이지/ www.mhspace.co.kr
등록/ 1988년 1월 15일(제8-39호)
주소/ 서울시 종로구 인사동길 5, 408(인사동, 파고다빌딩)
전화 02) 735-4257, 734-4283 팩스 02) 739-4285

값 30,000원

ISBN 978-89-5794-304-5 03810

※잘못된 책은 바꾸어 드립니다.
※협약에 의해 인지는 생략합니다.